Gabriel Laub

Denken verdirbt den Charakter

Alle Aphorismen

Carl Hanser Verlag

ISBN 3-446-13988-5
2. Auflage 1984

Der Band enthält die Texte aus den Bänden
»Verärgerte Logik«, Aphorismen, aus dem Tschechischen von Friedrich Torberg, 1969; »Erlaubte Freiheiten«, Aphorismen, 1975; »Das Recht, recht zu haben«, Aphorismen, 1979 (Carl Hanser Verlag München Wien);
außerdem viele ungedruckte Aphorismen.
Umschlag: Rotraut Susanne Berner
Satz: LibroSatz, Kriftel
Druck und Bindung: Ebner Ulm
Printed in Germany

Inhalt

Über Aphorismen

Das wirklich Mitteilenswerte läßt sich in zwei Zeilen sagen. Der Rest besteht aus Erklärungen des unklar Formulierten.

Aphorismen: Die Schlüsselsätze von Texten, die nicht geschrieben wurden.

Aphorismus: Eine Gleichung mit lauter Bekannten, aber mit einer eigenen Abrechnungsmethode.

Aphorismen entstehen nach dem gleichen Rezept wie Statuen: Man nehme ein Stück Marmor und schlage alles ab, was man nicht unbedingt braucht.

Man schätzt den Aphorismus unter anderem deshalb, weil er eine halbe Wahrheit enthält. Das ist ein ungewöhnlich hoher Prozentsatz.

Die Schwäche des Aphorismus: Er betrachtet die Leser als Erwachsene.

Aphorismus: Eine kleingemachte Tragödie.

Der Aphorismus hat vor jeder anderen Literaturgattung den Vorteil, daß man ihn nicht weglegt, bevor man ihn zu Ende gelesen hat.

Traum des Aphoristikers: daß seine Aphorismen noch hundert Jahre später auf Zensurschwierigkeiten stoßen.

Die Zukunft der Literatur liegt im Aphorismus. Den kann man nicht verfilmen.

Aphorismensammlung: billigster Gedankenausverkauf.

Aphorismen: Gedankensplitter, die ins Auge gehen.

Der Aphorismus wird zur anerkannten Literaturgattung: Die Kritiker begreifen ihn zwar noch nicht, aber sie greifen ihn schon an.

Man kann sich keinen Aphorismus ausdenken, der so bösartig wäre wie die Wirklichkeit.

Über die Welt, die Zeit und das Leben

Einzig und allein das Leben lohnt die Mühe, sich seinetwegen ein Leben lang abzuquälen.

Ist die Welt krank? Schön wäre es – man könnte dann auf Heilung hoffen.

Der Schöpfer der Welt hatte verschiedene Perioden, ganz wie Picasso: eine weiße, eine schwarze, eine gelbe, eine rote . . . Jetzt könnte er langsam zu einer konstruktiven Periode übergehen.

Realität: der Unterschied zwischen dem, was uns freut, und dem, womit wir uns trösten.

Das Leben ist das, was uns die Epoche, der Staat und die Ehepartner davon übrig lassen.

Wir handeln wie Gott: Schaffen eine Welt, in der es schwer ist, zu leben, und überlassen es unseren Söhnen, sie zu verbessern.

Ist die Realität realistisch?

Sehnsüchtig warte ich auf einen Leitartikel, der mit den Worten beginnt: »In den heutigen lustigen Zeiten . . .«

Die Menschen haben sich für alles auf der Welt bestimmte Bezeichnungen ausgedacht, damit sie wenigstens etwas an der Welt verändern können: Die Bezeichnungen.

Man müßte in dieser Welt das Leben lang ein Tourist sein. Den Touristen zeigt man ja nur das, was sehenswürdig ist.

Die Gegenwart: Ein nur mathematisch greifbarer Punkt inmitten der Vergangenheit und der Zukunft.

Lieber Gott, hüte deine kleinen Menschen vor Großen Zeiten!

Könnte man die große Zeit, in der wir leben, nicht in Stunden umwechseln und jeden Menschen mit einem kleinen Zuschuß beteiligen?

Das sollen normale Zeiten sein? Wenn Bürschchen, wie wir, demnächst fünfzig Jahre alt werden?

Die Zeiten sind normal, wenn sich die Menschen so benehmen, als ob die Zeiten normal wären.

Schiebt eure eigenen Fehler nicht auf die Zeit! Sie hat selbst genug.

Es ist ein untauglicher Versuch, die Zeit mit der Stoppuhr zu stoppen.

Wir sind unseren Nachkommen gegenüber loyal. Wir überlassen ihnen zwar eine erbärmlich eingerichtete Welt – aber auch die Mittel, sie zu vernichten.

Zeit ist Geld, aber es hat keinen Sinn sie zu sparen. Keine Bank wird sie uns für die späteren Jahre aufbewahren.

Die Zeit benimmt sich wie ein Mensch: Wenn man sie nicht mit dem Blick auf die Uhr kontrolliert, läuft sie langsamer.

Für unsere gottlose Zeit mußte man den Schlankheitskult erfinden – damit die Schlemmerei ein sündhafter Genuß bleibt.

Wo sind die Zeiten, als Unterhaltungen über die Probleme der Welt uns noch die Möglichkeit gaben, unsere eigenen Probleme zu vergessen!

Zeit ist Geld? Das wurde anderswo entdeckt. Wir haben für solche Forschungen weder Zeit noch Geld.

Das Leben ist wie das Telefon: Irgendwo steckt eine Frau in der Leitung und man kommt um sie nicht herum.

Wir brauchen die Sonne nicht mehr – die Uhren zeigen die Zeit genauer.

Das Leben kann auch nett sein, tut es aber ungern.

Das Leben kriegt man lebenslänglich.

Philosophie: Die Kunst, auch daraus ein Vergnügen zu ziehen, daß man das Leben unvergnüglich findet.

Liebet das Leben wie eine Frau – so wie es ist. Es nützt ja nichts, wenn man seine Fehler kennt.

Liebet das Leben wie eine Frau – es ist schön, auch wenn es dämlich ist.

Liebet das Leben wie eine Frau – der Liebe wegen, nicht wegen ihrer Früchte.

Liebet das Leben wie eine Frau – je aufrichtiger die Liebe, um so größer der Kummer.

Liebet das Leben wie eine Frau – und achtet es.

Liebet das Leben wie eine Frau – ein besseres Liebesobjekt findet ihr nicht.

Über den Menschen und die Menschheit

Der Mensch: Ein durch die Zensur gerutschter Affe.

Ein Hund, der bellt, beißt nicht. Der Mensch ist kein Hund.

Der Homo sapiens ist kein Tier mehr. Er ist schon fähig, sich selbst als Gattung zu vernichten.

Der Mensch ändert sich ununterbrochen. Die Menschheit bleibt immer gleich.

Die Menschheit kann nur eines von beiden behalten: ihr Gedächtnis oder ihre Selbstachtung.

Ich bin auch ein Mensch. Aber sagen Sie's bitte nicht weiter.

Nach langem Zusammenleben wird auch der interessanteste Mensch langweilig. Ich habe mich neulich sogar mit mir selbst gelangweilt.

»Alleinsein« heißt allein mit sich selbst zu sein. Ob dies langweilig ist, hängt davon ab, wieviel man sich zu sagen hat.

Der Kleine ist schon ein richtiger Mensch. Er kann schon »nein« sagen.

Es ist nicht leicht, einen Dialog mit sich selbst zu führen. Seinem eigenen Monolog zuzuhören ist aber schrecklich langweilig.

Man ist immer besser als die anderen – dies gilt für jedermann.

Der Mensch ist, was er ißt. Aber er ißt je nach dem, was er ist.

Der Mensch ist, was er ißt. Warum ist er nicht, was er ist?

Laßt den Menschen ihre Verdienste, besonders, wenn sie keine haben.

Nicht der objektive Grund Ihrer Frustration ist frustrierend, sondern Ihr Glaube, daß es ein Grund zur Frustration ist.

Bescheiden können nur die Menschen sein, die genug Selbstbewußtsein haben.

Das Problem ist, daß wir für uns selbst zu teuer geworden sind.

Man findet zu sich selbst am besten, wenn man jemand anderen den Weg suchen läßt.

Selten blöde Menschen sind nicht rar.

Um Selbstschätzung zu bewahren, muß man auf realistische Selbsteinschätzung verzichten.

In Australien gibt es ein Insekt, das sich selbst die Flügel abbeißt, sobald es sein Wachstum beendet hat. Wie menschlich!

Als er beim Verzehren eines Menschen auf das Hirn stieß, sagte der Tiger verwundert: »Das muß er irgendwo gefressen haben . . .«

Maske: der einzige Teil des Gesichts, den sich der Mensch selber aussucht.

Die kleinen Menschen werden von denen klein gemacht, die sich in ihrem Namen groß machen.

Schafe sind Herdentiere, die fast so blöd sind wie die Menschen. Sie schlachten sich jedoch nicht selbst ab.

Wenn die Menschen nur daran denken würden, daß jeder von ihnen ein Original ist!

Manchen Leuten gönne ich es, daß sie das Leben lang mit sich selbst aushalten müssen.

Der Mensch verpatzt schon so manches im Leben, aber nichts so vollkommen, wie das Leben selbst.

Engel haben es leicht, Engel zu sein. Sie essen nicht und sind geschlechtslos.

Das wichtigste Maß: Der prozentuelle Anteil des Menschen in einem Menschen.

Die Menschheit würde unbeschränkte Möglichkeiten haben, wenn sie die Möglichkeit hätte, die Macht der Beschränkten zu beschränken.

Wenn die Menschen einander erst einmal lieben werden, wirklich lieben, werden sie alles aus Liebe machen, auch die größten Gemeinheiten.

Die Menschheit lieben? Versuch's doch erst mit einem einzigen Menschen ...

Mit dem ersten Denkversuch begann die Menschheit über ihre Verhältnisse zu leben.

Ein Loch im Gedächtnis der Menschheit – die einzige Aussicht auf ihre Rehabilitierung.

Über das Denken

Wie unerschöpflich ist die menschliche Phantasie, die das schöne Bild der menschlichen Vernunft geschaffen hatte!

Für die Fähigkeit, denken zu können, zahlen wir den übermäßig hohen Preis, denken zu müssen.

Die Nichtdenkenden denken, daß niemand denkt. Die Denkenden wissen es.

Wer daran denkt, daß er auch essen muß, kommt zu dem Schluß, daß es besser ist, nicht zu denken.

Die Menschheit vermehrt sich ungleich rascher als ihr gesamter Vorrat an Gedanken.

Es ist besser als gehirnlos zu gelten, als an Gehirnschlag zu sterben, um den Beweis zu liefern.

Der Zynismus der Zyniker besteht nicht darin, daß sie sagen, was sie denken, sondern darin, daß sie denken.

Wenn man den Kopf verliert, findet man ihn immer wieder. Einen Kopf wird kein Mensch klauen.

Angeblich wurde eine Gliederprothese erfunden, die vom Gehirn aus gelenkt wird. Vielleicht werden sich einmal auch Menschen mit gesunden Gliedern vom Gehirn aus lenken lassen.

Denken ist kriminell. Die Gedanken werden ja gleich in grauen Zellen geboren.

Das Hirn und der Hintern sind kommunizierende Röhren: Solange man keinen Tritt in den Hintern kriegt, fängt man nicht an, zu denken.

Denken ist die einzige Schwarzarbeit, die nichts einbringt.

Der Kopf ist jener Teil unseres Körpers, der uns am häufigsten im Wege steht.

Mit vollem Bauch denkt man schwer, aber loyal.

Er denkt zwar nicht so schnell wie ein Computer, aber er läßt sich schneller umprogrammieren.

Nach jahrzehntelanger Mühe hatte er endlich die Kunst erlernt, die Gedanken seiner Mitmenschen zu lesen. Kurz darauf starb er an Langeweile.

Zum Begründer des menschlichen Denkens wurde jener Affe, der als erster die anderen gezwungen hat, ihn zu ernähren.

Ein bescheidener Denker: Er denkt besser als er denkt.

Klug und anständig sind die Menschen, die denken, daß wir klug und anständig sind.

Es gibt zwei Arten von Philosophie: Lebenserfahrungen der Denkenden und Gedanken der Lebensunerfahrenen.

Er verzichtet auf Gedanken, nicht aber darauf, sie durchzusetzen.

Seine Gedankengänge sind ungefährlich. Er tritt auf der Stelle.

In seinem Denksystem herrscht ein klares Übergewicht des Systems über das Denken.

Der Gedanke: unverkäuflicher Abfall eines intellektuellen Arbeitsauftrags.

Die Menschen unternehmen alles mögliche, um auf andere Gedanken zu kommen. Als hätten sie vorher irgendwelche gehabt!

Gedankenepidemien sind ungefährlich. Es finden sich immer genug Geimpfte, die sich freiwillig als Sanitäter melden.

Auch bei einem Gedanken spielt die Frage, wer sein Vater war, nur dann eine Rolle, wenn er selbst nicht viel taugt.

»Der Wunsch ist der Vater des Gedankens« – der einzige Fall, in dem Impotenz erblich ist.

Der größte Versicherungsbetrug in der Geschichte der Menschheit: Als Ersatz für seine physischen Unzulänglichkeiten gab die Natur dem Menschen die Vernunft.

Das Eigentumsrecht auf Gedanken ist eigentümlich: Es reicht, wenn man sie sich aneignet.

Wird man faul, weil man denkt, oder denkt man, weil man faul ist?

Kreativität: Logik, die Mut hat.

Auch im Wettbewerb der Weisen muß der weniger weise siegen. Für die Weisen ist dies allerdings ein Trost.

Viele Saurierarten sind ausgestorben, weil sie ein unterentwickeltes Gehirn hatten. Die Menschen versuchen den umgekehrten Weg.

Wenn viele Menschen dauernd und intensiv denken, kommt vielleicht einer auf einen Gedanken.

Statistiken bringen viel Material zum Nachdenken – wenn man ihnen nicht allzu sehr glaubt.

Die Werbung rechnet nur mit nichtdenkenden Abnehmern. Deshalb ist sie so erfolgreich.

Immer vernünftig zu sein, ist unvernünftig. Das ist aber keine Rechtfertigung der Dummheit.

Logik ist eine Sache der Plebejer. Die Großen und Mächtigen kommen ohne sie aus.

Der Computer ist kein Wunder. Er arbeitet nur deshalb so schnell, weil er nicht denkt.

Verbale Gehirnerschütterungen sind gesund.

Im zwanzigsten Jahrhundert darf sich niemand einreden, daß er nicht denken darf. Er darf sich einreden, daß er es darf.

Wir haben kollektiv beschlossen, individuell zu denken.

»Angeklagter! Sie behaupten, daß Ihre Gedanken richtig waren. Aber Sie können nicht leugnen, daß es *Ihre* Gedanken waren.«

Wenn ich schon in meiner Jugend selbständig gedacht hätte, hätte mich niemand überreden können, selbständig zu denken.

Man rühmte ihm nach, daß er die Fähigkeit besäße, selbständig zu denken. Tatsächlich war er selbst darauf gekommen, welche Gedanken man von ihm erwartete.

Ich fordere die Besteuerung des selbständigen Denkens. Damit es endlich legal wird.

Eine Besteuerung des selbständigen Denkens wurde bisher nur deshalb nicht eingeführt, weil sie dem Staat zu wenig einbrächte.

Gedankensteuer einzutreiben, wird auf keine Schwierigkeiten stoßen. Über jeden Denkenden gibt es ein genaues Dossier.

Ein vernünftiger Mensch kann unmöglich an die Vernunft glauben.

Alle Regime propagieren »keep smiling«, keines kann also »keep thinking« propagieren.

Wir sind weise – aber nur dann, wenn wir es nicht brauchen.

Zu manchen Menschen kommen die Gedanken einfach nicht, ohne zu befürchten, daß sie dadurch etwas verlieren.

Das Denkverbot – unser Traum!

Er steht mit seinem Wissen nur ein Wort hinter Sokrates: Er weiß nicht, daß er nichts weiß.

Wären die Tyrannen klug, könnten sie die Freiheit des Denkens ruhig zulassen. Die wenigsten Untertanen werden von diesem Recht Gebrauch machen.

Gedanken werden erst dann richtig verdaut, wenn man sie ausspuckt.

Er nimmt nur die beste geistige Nahrung zu sich. Leider ist seine geistige Verdauung nicht die beste.

Man hat einem Denker ein so hohes Denkmal gebaut, daß man seinen Kopf nicht mehr erkennen kann.

Der Computer hat dem menschlichen Gehirn gegenüber nur einen Vorteil: Er wird benutzt.

Verliert den Kopf nicht, er ist registriert.

Darf man beim Jubeln denken?

Über Theorien, Ideologien und Utopien

Glücklich die Utopisten! Ihnen bleibt es erspart, die Verwirklichung ihrer Träume zu erleben.

Idealist – ein Mensch, der glaubt, daß man glauben muß.

Theorien werden aus praktischen Gründen erfunden.

Je grauer die Praxis des Lebens, um so mehr grünt der Baum der Theorie.

Theorie: ein unbegrenzter Zitatenschatz für alle Gelegenheiten.

Eine richtige Theorie ist etwas Großartiges: man kann mit ihr jede Praxis begründen.

Klassiker: einer, der uns nicht mehr davon in Kenntnis setzen kann, daß er die Ansichten, auf die wir uns berufen, längst geändert hat.

Aufgabe der Ideologie: Die Selbstaufgabe des Menschen.

Die Theorie sollte nie vergessen, daß sie nur angewandte Praxis ist.

Gefährlicher als eine falsche Theorie ist eine richtige in falschen Händen.

Macht der Theorie? Theorie der Macht? Die einen haben die Macht, die anderen die Theorien.

Ideologie ist ein geistiges Fertigprodukt. An die Massenverbraucher wird sie in kleinen, steril verpackten Rationen verteilt.

Bisher ist es noch nicht gelungen, die Existenz des Schneemenschen wissenschaftlich nachzuweisen. Man muß also damit rechnen, daß er existiert.

Man überläßt den Intelligenzlern Theorien als Spielzeug, damit sie beschäftigt sind und die Erwachsenen nicht stören.

Manche Menschen kämpfen um ein Ideal, manche um das Einkommen. Das bessere Ideal hat schließlich derjenige, der das bessere Einkommen hat.

Eine Weltanschauung hat noch niemandes Fähigkeiten gesteigert. Aber aus dem Mangel an Fähigkeiten ist schon oft eine Weltanschauung entstanden.

Der Mensch richtet sich nach philosophischen Grundsätzen, wenn sie entweder mit seinen eigenen Ansichten oder mit denen der staatlichen Organe übereinstimmen. Aber wozu braucht man dann überhaupt die Philosophen?

Eine eigene Meinung ist viel billiger zu haben als eine eigene Villa. Und trotzdem gibt es viel mehr Villen als eigene Meinungen.

Höllenqualen sind den Gläubigen vorbehalten.

»Wer einen Buddha malt, glaubt nicht an Buddha«, sagt ein chinesisches Sprichwort. Wir haben gemalt und geglaubt.

Die Gläubigen aller Religionen und Ideologien dürfen keine selbständigen Denker sein. Sie sind nur Pächter.

Die Götter werden durch ihre Gläubigen unglaubwürdig.

Die Negation ist der stärkere Glaube.

Man kann problemlos Mitglied jeder Kirche sein, wenn man nicht an Gott glaubt.

Jede Religion, die zur Macht gelangt ist, wird nach und nach alle Bücher abschaffen – bis auf eines, das sie eben dadurch diskreditiert.

Atheist ist nur der, der sich auch aus dem Atheismus keinen Gott macht.

Manche haben so viel Klassenbewußtsein, daß sie es vermarkten.

Die Dogmatiker sind sonderbare Hyänen. Sie nähren sich vom Aas der Gedanken, die sie selbst getötet haben.

Atheisten sind die einzigen, die dem Gott treu bleiben, an den sie nicht glauben. Die Gläubigen dagegen harren im Glauben aus, auch wenn sie die Götter wechseln.

Idealist – ein Gerechter, der sich selbst nicht weniger belügt als die anderen.

Ein kluger Heiliger wird an Gott glauben, auch wenn er schon im Paradies ist.

Die Wege, die nirgends hinführen, sind die sichersten.

Utopie ist ein verzweifelter Versuch, die Realität, die keine reellen Zukunftchancen hat, zu retten, indem man ihr unreelle bietet.

Folgen der utopistischen Träume: Träumata.

Utopistische Schönfärberei der Wirklichkeit – das ist keine Utopie, sondern ein Betrug.

Es lohnt sich, ein Prophet zu sein – leider erst nach dem Tode.

Für diejenigen, die schon in den Atheismus hineingeboren wurden, ist es ein Glaube wie jeder andere. Ein wirklicher Atheist ist nur ein ehemaliger Gläubiger.

Schach ist ein ehrliches Spiel: Man redet den Bauern nicht ein, sie würden für Ideale geopfert, und die Figuren bilden sich nicht ein, sie wären die Spieler.

Auch im Luftschlösserbau gibt es Konjunkturen und Krisen.

Den Versuch, seine Handlungen theoretisch zu rechtfertigen, nennt man Philosophie.

Die jungen Leute sind heute für Kosmetik-Werbung so anfällig, wie wir einst für Ideologien.

Meinungsknopf: »Gedanke? Nein, danke!«

Dogma: der Versuch, einen Stock mit nur einem Ende zu erzeugen.

Zitate sind besser als Argumente. Mit Zitaten kann man einen Meinungsstreit gewinnen, ohne den Gegner zu überzeugen.

Man kann einen Gedanken nicht dadurch besiegen, daß man ihm die Teilnahme am Wettkampf verbietet.

Dogmenhüter wird man entweder aus Dummheit oder aus Berufsgründen.

Jede Religion mißt die Glaubensstärke ihrer Anhänger an der Bereitschaft, Holz für Scheiterhaufen herbeizuschleppen.

Nicht nur beim Rückzug, auch bei dem Vormarsch muß man die bisherigen Positionen aufgeben.

Für die heutigen Binsenwahrheiten zahlte man einst mit Menschenleben.

Phantasten sind Menschen, die nicht genug Phantasie besitzen, um die Realität zu begreifen.

Die Götter haben sich entwickelt: Jetzt sind sie auch nichtexistent gefährlich.

Man versucht dauernd die Welt zu verrücken, indem man sie verrückt macht.

Über Glück und Werte

Werte sind abstrakt, Preise sind konkret.

Noch ein Glück, daß man zum Glück nicht verpflichtet werden kann!

Absolute Moral: alles ist verboten.

Als den Menschenfressern der Garaus gemacht wurde, quälte sie nichts so sehr wie der Gedanke, daß ihnen der Tod durch ehrenvolles Gefressenwerden vorenthalten blieb.

Der Idealist: ein Mensch, der seine Ideale unentgeltlich aufgibt.

Die einzige Währung, die bei uns nicht geschätzt wird: das Talent.

Ein Teppich darf nicht kostbarer sein als die Menschen, die ihn benutzen.

Allen gefällt das, wovon man weiß, daß es allen gefällt.

»Es gibt keinen höheren Wert als das Leben«, sagte der Philosoph. Und von dieser Überzeugung wollte er nicht einmal um den Preis seines Lebens ablassen.

Objektivität und Mut wachsen in direktem Verhältnis zum Quadrat der Entfernung.

Moral: ein Kodex, der von den einen nicht eingehalten wird, weil sie ihn nicht anerkennen, und von den anderen anerkannt wird, weil sie ihn nicht einhalten.

Moralischer Wohlstand: Fast jeder hat eine doppelte Moral.

Objektivität ist das, wovon wir uns wünschen, daß andere Leute es anderen Leuten gegenüber an den Tag legen.

Die Sprache ist präzis: Das »höchste Niveau« muß nicht immer ein hohes Niveau bedeuten.

Nichts kann den Wert eines Menschenlebens aufwiegen – es sei denn mehrere Menschenleben.

Märchen gehören durchaus zur realistischen Literatur. Sie versprechen zwar Glück und Wonne – aber nur im Märchen.

Alles im Leben, was man mit Geld bezahlen kann, ist billig. Nur – wer kann es sich leisten?

Wenn ein Masochist darunter leidet, daß er Masochist ist – ist das für ihn ein Vergnügen?

»Nicht vom Brot allein lebt der Mensch«, sagte Herr Meier, als er eine Flasche Sekt und Fräulein Mizzi bestellte.

Ach, die schöne Illusion, daß man keine Illusionen hat!

Ideal: In einer Großstadt zu wohnen, in einer Straße mit Kleinstadt-Verhältnissen.

Der Wert der Ideale steigt. Wenigstens behaupten das diejenigen, die ihre Ideale erfolgreich verkauften.

Kann man heimlich unheimlich glücklich sein?

Über den Charakter

Die mutigsten bei jedem Kampf sind die Zuschauer.

Freund: Ein Mensch, der dich nicht umsonst verkauft.

Er setzte sich das eigene Gesicht auf, um seine Maske zu maskieren.

Freunde und Gewissen hat man nur so lange, solange man sie nicht braucht.

Aus lauter Eitelkeit hörte er sogar auf, ehrgeizig zu sein.

Man kann auch mit lauter echten Zähnen ein falsches Lächeln produzieren.

Er kannte nur zwei Probleme: »Was jetzt?« und »Was dann?«

Er hat nie einen Hinrichtungsbefehl ausgefertigt. Immer die Sekretärin.

Sein Minderwertigkeitsgefühl rührt daher, daß er sich so selbstbewußt fühlt.

Über sich selbst zu lachen? Daß ich nicht lache! . . .

Am leichtesten fällt uns die Entscheidung über Dinge, über die wir nicht entscheiden.

Supersadist: einer, der aus Sadismus ablehnt, einen Masochisten zu quälen.

Toleranz ist eine Stufe des Erwachsenseins. Die Geschichte kennt einige Menschen, die sie fast erreichten.

Auch Schreibtischwohltäter sind nicht immer harmlos.

Seine Heuchelei zu leugnen – ist das nicht Heuchelei?

Je höher das Piedestal, auf das der Zwerg sich hinaufturnt, desto besser sieht man, was für ein Zwerg er ist.

All sein Streben hat immer nur dem menschlichen Wohl gegolten. Oder sind er und seine Frau vielleicht keine Menschen?

Die guten Menschen, die immer bereit sind, dem Schlagenden die zweite Backe von jemand anderem hinzuhalten!

Die einzige Art von Treue, die Sinn hat: Sich selbst treu zu bleiben.

Der feste Bestandteil eines Antisemiten ist das »Anti«. Zum »Semiten« kann er jeden beliebigen Menschen erklären.

Je billiger das Parfüm, desto aufdringlicher duftet es.

Wir improvisieren streng nach Weisung.

»Ihnen fehlen ja alle Voraussetzungen eines weiteren Wachstums«, sagte der Zwerg zum Riesen.

Zwerge sehnen sich nach größeren Körpermaßen. Mit den Maßen ihres Gehirns sind sie zufrieden.

Er hat sich niemals mit Denunziationen die Hände beschmutzt. Sein Telefon war immer peinlich sauber.

Wer keine Maske trägt, riskiert, daß man ihm den Skalp vom Gesicht zieht.

Setzt sie nur in die erste Reihe – sie werden jedem und allem applaudieren.

Die stabilste menschliche Eigenschaft ist die Unstetigkeit.

Über Mut und Feigheit

Wenn alle mutig sind, ist das Grund genug, Angst zu haben.

Feige sind die anderen. Ich bin besonnen.

Besser ein lebender Hund als ein toter Löwe? Lächerliche Frage! Wer kann sich das schon aussuchen?

Am höchsten tragen die Wellen die ohnmächtigen Schwimmer.

Nicht nur Helden bleiben auf den sinkenden Schiffen, auch die Nichtschwimmer.

Abenteurer zu sein ist heute das geringste Abenteuer.

Mancher Held kann nichts dafür, daß er zum Helden geworden ist.

Warum nimmt man den Ratten übel, daß sie das sinkende Schiff verlassen? Wozu braucht man auf einem sinkenden Schiff noch Ratten?

Nur der Kapitän hat die Pflicht, auf dem sinkenden Schiff bis zu Ende zu bleiben. Aber auch er ist nicht verpflichtet zu ertrinken.

Daß es leicht ist, mutig zu sein, wenn keine Gefahr droht? Aber nur in diesem Fall kann man dieses edle Gefühl in aller Ruhe genießen!

Über das Alter

Mit zunehmendem Alter wird man nicht klug – man weiß nur besser, daß es die anderen auch nicht sind.

Mit zwanzig ist man klüger als die ganze Welt. Nach dreißig kann man es sich nicht mehr erlauben.

Warum soll sich ein Ei nicht klüger fühlen als die Henne? Es kennt ja die Henne von der dunkelsten Seite.

Der Erwachsene: er weiß bereits, daß gegen die Dummköpfe kein Kraut gewachsen ist.

Ein dreistufiger Fluch: Möge dir Gott keine Kinder geben. Möge dich Gott mit blöden Kindern strafen. Möge dir Gott kluge Kinder schenken.

Der Unterschied zwischen Generationen besteht darin, daß sich jede auf eine andere Art betrügen läßt.

Wenn die Formel »$e = mc^2$« zutrifft, müßte ein Kind, das 16 kg wiegt, fünfmal weniger Energie haben als sein 80 kg schwerer Vater. Da kann man nur lachen!

Altersweisheit kommt nicht von selbst. Wer im Alter weise ist, muß in der Jugend gescheit gewesen sein.

Das Angenehme am Älterwerden: Mir gefallen immer mehr Frauenjahrgänge.

Erwachsen bist du im gleichen Augenblick, in dem du erkennst, daß die feigen, häßlichen Durchschnittsmenschen, die dich umgeben, Menschen sind wie du.

Zwei zuverlässige Alterssymptome: auf die Jugend zu schimpfen und der Jugend zu schmeicheln.

Die Jungfrauen sind beneidenswert – es ist die einzige Menschenart, die immer jünger wird.

Es gibt Menschen und Ideen mit angeborenem Altersschwachsinn.

In einer Hinsicht bleiben die Menschen ihr Leben lang kleine Kinder: Sie schauen immer dann besonders unbefangen drein, wenn sie volle Hosen haben.

Die Menschen sind auch darin wie kleine Kinder, daß sie sich unbändig freuen, wenn jemand noch kleiner ist.

Senilität wird nur durch eine Art Verkehr übertragen – durch Dienstverkehr.

Menschen altern nicht alle gleich. Als manche meiner Altersgenossen schon fünfzig waren, war ich erst fünfzig.

Fortschritt im Leben: Je fortgeschrittener unser Alter, um so weniger können wir uns für den Fortschritt begeistern.

Jung ist man, wenn man mit der Welt noch nicht zufrieden ist. Alt ist man, wenn man mit der Welt nicht mehr zufrieden ist.

Über das Lernen

Das Bestreben, die eigenen Lebenserfahrungen weiterzureichen, beweist einen Mangel an Lebenserfahrung.

Der Mensch lernt sein Leben lang, mit Ausnahme der Schuljahre.

Die Schule des Lebens unter der Verwaltung des Schulministeriums – das wäre das Ende.

Vom Leben lernen? Das hängt davon ab, wer den Lehrplan genehmigt.

Was die Professoren kennen, darauf kann man auch selbst kommen. Was die Schüler kennen, das muß man erlernen.

Eltern, die ihren Kindern eine sorglose Kindheit verschaffen, handeln unvernünftig. Worauf werden sich dann die Kinder ausreden, wenn sie mal vors Gericht kommen?

Liebe Kinder, lernt rechtzeitig, nach Diktat zu schreiben, sowie auch abzuschreiben, was vorgeschrieben ist – ihr wißt nicht, wovon ihr einmal leben werdet.

Die Menschen sind wie Kinder – sie lassen sich erziehen, aber sie mögen es nicht.

Die Autorität der antiautoritären Erziehung wurde durch ihren autoritativen Charakter zerstört.

Bringt euren Kindern nur ja nicht bei, ihre Fehler einzugestehen. Damit beraubt ihr sie der Chance, eine politische Karriere zu machen.

Manche Theoretiker möchten die Erziehung abschaffen. Wie kann man etwas abschaffen, das es nicht gibt?

Mensch, laß dich nicht erziehen – erziehe dich selbst!

Das ist doch selbstverständlich, daß man sich selbst nicht versteht.

Der einzige mitunter erfolgreiche Erzieher ist das Leben.

Über Arbeit, Beschäftigung und Karriere

Engels hat recht, die Arbeit hatte einen positiven Einfluß auf die Entwicklung des menschlichen Gehirns: Sie zwang den Menschen zu denken, wie er sich ihr entziehen könnte.

Arbeit: Die Mutter des Wohlstands, die nicht mehr wohlstandesgemäß ist.

Beutet euch aus, Menschen! Jeder sich selbst.

Es reicht nicht, arbeiten zu können – man muß auch arbeiten.
Es reicht nicht, zu arbeiten – man muß auch arbeiten können.

Leute arbeiten sich tot, um andere dazu zu bringen, für sie zu arbeiten.

Der schlimmste Fall: Ein Mensch, der geistig impotent, arbeitsmäßig aber sehr potent ist.

Ein kluger Mensch ist nicht nur imstande, unkluge Befehle auszuführen, sondern auch zu beweisen, daß sie klug sind – und von diesem Beweis zu leben.

Wir machen Fehler aus Versehen. Die anderen – aus Dummheit.

In seiner Stellung kann er sich keine Stellungnahme erlauben.

Man soll nicht mit Energie sparen, wenn man Energieersparnisse erreichen will.

Schwarzarbeiter? Am schwärzesten sind diejenigen, über deren Rechnungen wir uns schwarz ärgern.

Wer keinen Beruf erlernt hat, hat nur zwei Möglichkeiten – Hilfsarbeiter oder Politiker zu werden.

Tiefstand der Arbeitsmoral: Wenn man nichts tut, und auch dazu noch keine Lust hat.

Was hilft's schon, daß er eine geniale Entdeckung gemacht hat, sagte der Fachmann. Er fand für sie keinen richtigen Fachnamen!

Das Wissen der Fachleute ist auf ihr Fach beschränkt. Wer von keinem Fach etwas versteht, kennt keine Beschränkung.

Befehle geben kann jeder. Befehle ausführen kann fast jeder. Wozu braucht der Mensch noch Fähigkeiten?

Ist der Lakai des Lakaien ein Klassenfeind des Lakaientums?

Zu wem soll ich gehen, seit der Schmiedel zum Vorgesetzten des Schmieds geworden ist?

Der Redakteur des Kalenders verlangt Gehaltserhöhung. Es ist ihm ein schöner Sommer gelungen.

Früher nannte man jedes unverheiratete Mädchen eine Jungfrau. Heute nennt man jeden Beschäftigten einen arbeitenden Menschen.

Bei uns steckt in jeder Sekretärin eine Brigitte Bardot. Zumindest was ihre Stenographiekenntnisse betrifft.

Schlimmste Disziplinlosigkeit ist, wenn man einen Vorgesetzten wegen autoritärer Führung kritisiert, obwohl er es strengstens verboten hat.

Ein Stoiker: Er klagt nicht einmal über seinen Chef.

In meiner Jugend war ich eine allseits beliebte Arbeitskraft. Dann begann ich zu denken.

Ist das leichte Arbeit, mit einem Pantomime-Ensemble als Dolmetscher zu reisen?

Schwierigkeiten zu meiden ist eine schwere Arbeit.

Gibt es heute noch Gründe, gründlich zu sein?

Es ist gut, wenn man seinen Beruf als Hobby betrachtet. Es ist aber nicht gut, wenn man sein Hobby als Beruf betreibt.

Selbst Prostitution wird heute unprofessionell ausgeübt.

Wer wirklich satt und wohlgenährt sein will, muß alles schlucken können.

So spricht die Karriere: »Du sollst keine anderen Götter neben mir haben . . .«

Man kann im Leben keine festere Überzeugung haben als den Karrierismus. Der Karrierist wird diese Überzeugung niemals aufgeben, außer für die Karriere.

Wenn man Schritt halten will, muß man ab und zu auch in Kuhmist treten.

Auf zwei Sesseln kann man nicht sitzen. Aber man kann sich auf ihnen recht bequem ausstrecken.

Er machte nur deshalb Karriere, weil er bescheiden war. Er konnte ja nichts anderes.

»Fünf Stockwerke herunterzufallen, das ist noch nichts«, sagte der Liftboy. »Ich war früher in diesem Hotel Direktor.«

Die Heiligen: postume Karrieristen.

Er tat, was er konnte, um zu verbergen, daß er nicht konnte, was er tat.

Wer einen hohen Posten hat, muß sich aufblasen – sonst würde man ihn von unten gar nicht sehen.

Sprach der Windhund: »Ein Hase ist, wenn der Chef draufzeigt und ›Apport!‹ sagt.«

Jeder Chef hat lieber zwei Mitarbeiter mit IQ 80 als einen mit IQ 140.

Als er sich endlich eine Position geschaffen hatte, die es ihm ermöglichte, alles zu sagen, was er dachte, dachte er nur noch an seine Position.

Verantwortliche Posten mit verantwortungsbewußten Leuten besetzen? Die würden sich doch zu Tode schinden!

Es ist sehr leicht berühmt zu werden, wenn man sehr bekannt ist.

Über Faulheit und Fleiß

Der Faulpelz hat keine Lust, dauernd zu arbeiten. Deshalb wird er schnell mit der Arbeit fertig.

Faulpelz: ein Mensch, der sich keine Arbeit damit macht, sein Nichtstun zu begründen.

Die menschliche Lebenserwartung wird immer größer. Wir können uns also immer länger darauf freuen, daß wir irgendwann einmal etwas zustande bringen werden.

Fremder Arbeitseifer ist immer ärgerlich: er ist für uns entweder Konkurrenz oder Vorwurf.

In der Freizeit, die uns von der Arbeit um des Geldverdienens willen übrig bleibt, möchten wir ganz gerne noch etwas Geld verdienen.

Wir alle arbeiten bis zur Selbstvernichtung. Einige bringen dabei sogar etwas zustande.

Es ist besonders schön, zu faulenzen, wenn man damit auch seine Arbeit macht.

Die Faulheit ist der heimliche Vater des Fortschritts.

Nichts macht mir so viel Arbeit wie der Entschluß zu arbeiten.

Den eigenen Fleiß empfinden wir als notwendiges Übel. Der Fleiß der anderen ist eine Folge ihrer Unfähigkeit.

Ein fleißiger Mensch arbeitet auch dann, wenn er muß.

Ich war heute sehr fleißig. Nur geschafft habe ich nichts.

Schlauheit und Fleiß sind wie ein Ehepaar – sie vertragen sich selten.

Untrüglicher Beweis für das Primat der Praxis: die Faulpelze haben noch keine Theorie der Faulheit geschaffen.

Intellekt: das Instrument, mit dessen Hilfe man feststellt, daß es keinen Sinn hat, überhaupt etwas zu tun.

Über Dummköpfe und Idioten

Dummkopf: ein Idiot, der keine Karriere gemacht hat.

So klug ist kein Mensch, daß er sich nicht dann und wann für einen klugen Menschen hielte.

Immer wieder sagte er von sich selbst, daß er ein Dummkopf sei. Aber das tat er nur aus Karrieregründen.

Der Fortschritt ist nicht aufzuhalten: Niemand wird heute, wie noch zur Zeit des braven Soldaten Schwejk, wegen Blödheit für untauglich erklärt.

Man kann überhaupt nichts mehr sagen, ohne Gefahr zu laufen, daß irgendein Idiot der gleichen Meinung ist.

Ich bin gewiß kein Snob, aber ausländische Idioten sind mir gerade deshalb lieber, weil sie im Ausland leben.

Leider stellt Dostojewskis Held Fürst Myschkin nur einen sehr geringen Prozentsatz der auf Erden wandelnden Idioten.

Ein unschädlicher Dummkopf? Für wen unschädlich?

Selig sind, die nicht denken. Nicht etwa die, die dummes Zeug denken.

Von niemandem kontrolliert, schuf Gott die Dummköpfe. Und dann, um sie zu retten, schuf er die Zensur.

Der Dumme hat's leicht, klug zu sein.

Goliath war nicht klug. Das hatte er nicht nötig.

Dummköpfe reden mitunter weise. Nur dann nicht, wenn sie es wollen.

Würde Hirnlosigkeit vor Kopfschmerzen schützen, könnten die Aspirin-Produzenten ihre Läden schließen.

Die Idiome sind in jedem Landstrich unterschiedlich, die Idioten sind überall gleich.

Die Entfernungen von Mensch zu Mensch werden immer kleiner – die Dummheit kann sich viel schneller verbreiten.

Wer nicht glaubt, daß er ein Dummkopf ist, ist einer. Er beraubt sich des schönsten Gefühls, der Mehrheit anzugehören.

Halte dich nicht für dumm. Überlaß es den anderen.

Der Mensch hat sein letztes Privileg verloren – man hat auch schon bei Affen Schwachsinn festgestellt.

Man wird leicht glücklich, wenn man nur genug dumm ist. Aber dumm geboren zu werden, dazu braucht man viel Glück.

Was den Idioten vom Dummkopf unterscheidet, ist, daß der Dummkopf manchmal auch sich selbst schadet.

Der Kampf der Armen im Geiste gegen die Geistreichen ist kein Klassenkampf.

Die Solidarität der Armen ist vorbildlich. Niemand verteilt sein Gedankengut so gerne wie die Armen im Geiste.

Es wäre sinnlos, eine Medizin gegen die Dummheit zu erfinden. Die Dummen lassen sich ihre Karriere nicht verpatzen.

Es gibt heute nicht mehr Idioten als je. Sie sind nur gebildeter und besser organisiert.

Über die Nullen

Der Unterschied zwischen zwei Nullen kann nicht gar so groß sein.

Schon die Mathematik lehrt uns, daß man Nullen nicht übersehen darf.

Eine Null ist kein gewöhnliches Nichts. Es ist ein Nichts, das sich seiner Unentbehrlichkeit bewußt ist.

Die Null symbolisiert den absoluten Bauch, der keine anderen Organe braucht oder anerkennt.

Wenn die Null oben steht – über dem Strich – ist das Ergebnis Null, mag noch so ein großer Wert unten sein. Steht die Null unten, ist das Resultat die Unendlichkeit. Ist sie nicht das mathematische Symbol des Bürokraten?

Null bleibt Null, wo immer sie steht. Auf den Stellenwert kommt es an!

Wenn man höhere Werte schaffen will, muß man die Nullen so weit wie möglich nach hinten stellen.

Die Null weiß, daß sie allein nichts bedeutet – das ist ihre Stärke.

»Wir, die wir Millionen darstellen«, sagen die Nullen.

Jede Zahl und jeder Mensch werden groß, wenn sie viele Nullen hinter sich haben.

Die Stärke der Millionen beruht auf den Nullen.

N plus x mal Null gleich N. Man kann also nie erfahren, wie viele Nullen an einem N schmarotzen.

Null plus Null gleicht nicht immer Null. Es kann ein Ehepaar oder ein Autorengespann sein.

Zur Wechselbeziehung zwischen Form und Inhalt: keine Ziffer hat eine so vollendete Gestalt wie die Null.

Fang ja nichts mit einer Null an! Sie gehört sicher zu irgendeiner Tausendschaft.

Die Null errötete geschmeichelt. Jemand hatte ihr gesagt: »Sie sind die größte Null der Welt!«

Irgendeine wütende Null schuf als ihr Ebenbild die Galgenschlinge.

Über Opti- und Pessimismus

Ob man die Welt als Pessi- oder Optimist ansieht, der Mist bleibt.

Er ist ein Optimist. Er glaubt, daß es von ihm abhängt, wann er Selbstmord begehen will.

Die Optimisten treiben uns zum Pessimismus, weil sich ihre Erwartungen fast nie erfüllen. Nur die Pessimisten schenken uns ein bißchen Optimismus – wenn sich ihre Voraussagen mal nicht bestätigen.

Vom beruflichen Standpunkt aus ist ein Henker, der die Menschheit pessimistisch beurteilt, ein Optimist.

Er legte seinen ganzen Optimismus in sein Werk. Für sein Leben blieb ihm nur noch der Selbstmord.

Ich bin ein Optimist. Meiner Meinung nach ist die Lage nicht so schlimm, daß man den Menschen die Wahrheit verschweigen müßte.

Der Pessimismus hat jetzt rosige Zeiten.

Die Optimisten finden ihre Existenz wundervoll, die Pessimisten wundern sich, daß sie noch existieren. Der Unterschied ist nur grammatisch.

Sein Pessimismus war so groß, daß er sich für einen Optimisten hielt.

Wenn Sie nichts Gutes erwarten, dann warten Sie bitte nicht länger!

Optimist: Ein Mensch, der zuversüchtig ist.

Niemand wird der Zukunft lebend entgehen.

Sein Elend war so groß, daß er vom Freßtod träumte.

Heute muß man Optimist sein – das ist das schlimmste.

Pessimismus wird nur von den Optimisten verbreitet. Die Pessimisten sparen ihn für schlechtere Zeiten auf.

Wer seinen besten Wein für eine bessere Gelegenheit aufbewahrt, ist ein Optimist – ein Pessimist trinkt ihn sicherheitshalber gleich. Ein Realist dagegen trinkt seinen besten Wein überhaupt nicht – er schenkt ihn seinem Chef.

Wer nichts zu verlieren hat, hat keinen Grund zum Pessimismus.

Der Pessimist braucht keine Zeitung zu lesen. Man wird ihm schon sagen, wenn seine Unkenrufe sich bestätigen.

Der vorsichtige Pessimist begeht Selbstmord, indem er sich vor einen Krankenwagen wirft.

Die Zeiten sind nicht so schlecht, daß sie uns kein Plätzchen für eine kleine Portion Pessimismus übrig ließen.

Optimismus: das einzige, was man vom Leben noch haben kann.

Über die Liebe

Die schönsten Frauen sind die, denen wir gefallen.

Man kann leicht Erfolg bei Frauen haben – man muß sie nur lieben.

Liebe ist die höchste Stufe des Egoismus. Wir lieben nicht unsere Partner, sondern ihre Fähigkeit, uns zu lieben.

In der Liebe und in der Politik ist man treu, wenn man nicht anders kann.

Die Moral sinkt immer tiefer: Manche Frauen betrügen sogar ihre Geliebten mit den eigenen Ehemännern.

Man soll nicht mit fremden Frauen schlafen. Richtig. Aber Frauen, mit denen man schläft, sind doch nicht ganz fremd!

Ein idealer Partner kann nur ein ideeller Partner sein.

Entweder hat man Interesse für alle Frauen, oder für keine. Alles andere ist Heuchelei.

Sie will nicht mehr mit ihm schlafen. Denn wenn er mit ihr schläft, schläft er.

Platonische Liebe ist sehr schön. Für die Pausen.

Die teuersten Erfahrungen machen wir mit unseren Liebsten.

Was ist besser: ein treuer Mann – oder ein potenter? Eine treue Frau – oder eine patente?

Leichte Mädchen haben es jetzt schwer, weil so viele Männer Übergewicht haben.

Die meisten Sexbomben enden als Blindgänger.

Liebe ist ein Vorbeugungsmittel gegen Lungenkrebs: Während des Liebesaktes raucht man nicht.

»Treue Liebe, Schlittenfahren und Sperberfang dauern nicht lange«, sagen die Norweger. Gottseidank! Stelle man sich vor, wie langweilig es wäre, dreißig Jahre lang Schlitten zu fahren!

Er hatte einen weiblichen Zug: Er verachtete die Frauen.

In der Liebe ist alles gut, was den Liebenden zusagt; sogar die Monogamie.

Liebe – das einzige Lebensgebiet, auf dem uns die Unfähigkeit dritter Personen in keiner Weise stört.

Er war von Natur aus monogam. Aber er bemerkte das erst bei seiner achtunddreißigsten Liebschaft.

Liebe: ein nicht näher definierbares Gefühl, das im Leben unendliche Komplikationen hervorruft. Besonders im Geschlechtsleben.

Jeder Mann braucht im Leben drei Frauen: die Mutter, die Gattin – und wenigstens eine, die ihn für einen Mann hält.

Dieser Schriftsteller wurde von der Liebe enorm beeinflußt. Sie hat aus ihm einen Satiriker gemacht.

Das Zeichen der wahren Liebe ist, daß sie vergeht. Unvergänglich ist nur die Illusion der Liebe.

Pech in der Liebe: sich unglücklich in die eigene Frau zu verlieben.

Irrationalität der Liebe: die Menschen zu lieben, obwohl man sie kennt.

Unschätzbarer Vorteil der Geliebten: daß man mit ihr über alles sprechen kann. Versuch du einmal, mit deiner Frau über die Fehler deiner Geliebten zu sprechen!

Eine kluge Frau beläßt den Mann in der wohltätigen Selbsttäuschung, daß es nur eine galante Phrase sei, wenn er sagt: »Dein Wunsch ist mir Befehl.«

Alle weisen Worte über die Liebe wurden nur für Männer geschrieben. Auf Frauen macht Weisheit keinen Eindruck.

Eigentlich kann die Frau nur aus zwei Gründen dem Mann gefährlich werden: Wenn er sie nicht befriedigt oder wenn er sie befriedigt.

Sein Verhältnis und ihr Verhältnis zu ihrem Verhältnis standen in keinem Verhältnis zueinander.

Liebesakt: Ein geistiges Spiel, bei dem Körper keine unbedeutende Rolle spielen.

Die Flügel, die uns die Liebe gibt, sind im Jet-Zeitalter unpraktisch. Und viel zu teuer.

Wer sich selbst nicht liebt, kann nicht geliebt werden.

Ja, wenn so viele Menschen der Losung »Make love, not war« folgen könnten, wie viele es nicht können!

Ich kenne nur einen Menschen, Liebes, der mich noch weniger kennt als Du – mich.

Die Eifersucht soll ein Privileg der wirklich Liebenden sein. Dann wird sie gesellschaftlich belanglos werden.

Was ist heute noch von der Venus geblieben? Der Venusberg und venerische Krankheiten . . .

Die höchsten Vorstellungen von der Liebe haben die Nichtgeliebten.

Die moderne Liebe und die moderne Zivilisation wurden mit dem Versuch geboren, eine Frau zu kaufen statt zu vergewaltigen.

Frauen brauchen keine Männer, von denen sie nicht gebraucht werden.

Liebende sind nie einsam. Auch wenn sie nur sich selbst lieben.

Treue: Triumphierende Kapitulation.

Romantik? Heute schreiben wir keine Liebesgedichte mehr. Wir gehen aber auch nicht ins Bordell.

Frauen sind schöner als sie aussehen.

Es gibt doch eine Liebe, der man immer treu bleibt. Die Eigenliebe.

»Liebe deine Nächsten wie dich selbst!« Das ist ein klares Gebot, vor allem sich selbst zu lieben.

Über die Ehe

Ehefrau: Eine Frau, mit der man schlafen kann.

Es gibt keine unglücklichen Ehen – sonst müßte es auch glückliche geben.

Der Mann sollte eine Frau haben, besonders, wenn er verheiratet ist.

Eine gute Ehe überdauert so manches. Auch die Lebensfreude.

In der Werft des Ehehafens verwandeln sich friedliche Schiffe in Kriegsmarineeinheiten zweier feindlicher Mächte.

Verheiratet zu sein bietet manche Vorteile – zum Beispiel den, daß man nicht geheiratet werden kann.

Mit dem Einkommen ist es wie mit der Ehe – man denkt immer, daß die anderen besser dran sind.

Ein Ehemann mit einer Schwäche für Frauen ist immer noch besser als einer mit einer Schwäche bei Frauen.

Die Ehe und die Romantik sind keine Feinde. Die beiden erfolgreichsten antisexuellen Einrichtungen sind höchstens Konkurrentinnen.

Sie wollte mit einem verheirateten Mann nichts zu tun haben, also ließ sie sich von ihm scheiden.

Will man im Ehehafen für immer bleiben, muß man seinen ganzen Dampf ablassen.

Viele Frauen sind frei, weil sie keinen Sklavenhalter gefunden haben.

Eine Frau kann einen Mann für ganz klug halten, solange er sie nicht geheiratet hat.

Die Ehe ist ein Hafen der Ruhe. Solange man noch sextüchtig ist, hat man da nichts zu suchen.

An allem sind immer die Juden schuld. An allem ist immer der Ehemann schuld. Ein jüdischer Ehemann zu sein – welch ein Hochgenuß!

Liebet eure Ehefrauen, ihr Männer! Liebet sie aufrichtig! Das wird euch beim Scheidungsprozeß sehr zugute kommen.

Das traute Heim erspart dir eine Menge Arbeit, weil es dir keine Zeit für sie läßt.

Der Mann erträgt die Ehe aus Liebe zur Frau. Die Frau erträgt den Mann aus Liebe zur Ehe.

Gipfel der Gattenliebe: Wenn die Gattin sich nur solche Liebhaber nimmt, die dem Gatten ähneln.

Gute Ehemänner bleiben ihren Frauen treu, auch wenn sie mit anderen schlafen.

Ein Erotoman – er schont nicht einmal seine eigene Frau.

Hauskost ist billig, wenn man die Amortisierung der Ehepartner nicht mitrechnet.

Er mußte seine Freundin heiraten – sonst hätte sie ihn mit ihrer Sexualgier zugrunde gerichtet.

Ehepartnersuche: Wahl der Qual.

Alle heterosexuellen Ehen sollen gesetzlich zugelassen werden – auch die Ehe zwischen einer Frau und einer Emanze.

Familienurlaub ist die Fortsetzung des Ehekrieges auf anderem Territorium.

Fortschritt: Der männliche Haustyrann wird durch elektrische Geräte ersetzt.

Trösten Sie sich: Im Vergleich mit der allgemeinen Zahl der Frauen ist die Zahl Ihrer aktuellen Ehefrauen sehr gering.

Man müßte gesetzlich festlegen, daß auch verheiratete Menschen Recht auf Liebe haben.

Teller werden heute meistens von der Maschine gewaschen und abgetrocknet – wie kann man jetzt beweisen, daß man ein guter Ehemann ist?

Um einer guten Ehe willen muß sich der Mann damit abfinden, daß er nicht mehr frei ist. Aber er darf sich nicht damit abfinden, daß er verheiratet ist.

Zwei mathematische Hilfsmittel erleichtern die Suche nach einem idealen Partner: Moderne Computer und das altehrwürdige Gesetz der großen Zahl.

Die Sprache kommt aus der Erfahrung. Man sagt: Sie waren lange befreundet. Jetzt sind sie ein Ehepaar.

Es wird Zeit, die Institution der Ehe abzuschaffen. Man kann darüber keinen neuen Witz mehr machen.

Zu den unverständlichen Gepflogenheiten der Diktatoren gehört es, politische Rebellen erschießen zu lassen. In den meisten Fällen würde es genügen, sie zu verehelichen.

Ehefrau: die Steuer, die man für den Luxus bezahlen muß, Kinder zu haben.

Wer um des Geldes willen heiratet, weiß wenigstens ganz genau, warum er geheiratet hat.

Sie ermordete ihren Mann, um den Gerüchten, die sie über ihn verbreitete, ein Ende zu setzen.

Beruhigen Sie sich, lieber Freund. Sie sind nicht der einzige Mann, den Ihre Frau betrügt.

Eine treue Ehefrau? Was hat man schon davon, daß sie auch keinen anderen liebt.

Die Ehe ist der Sonderfall eines Abonnements, das mehr Geld kostet, als wenn man einzelweise bezahlen müßte.

Gesucht wird ein Genie zwecks Herstellung eines lustigen, aber keineswegs komischen Films über eine gute Ehe.

Die Familie ist die Grundlage des Staates. Menschen, die Familiensorgen haben, kümmern sich nämlich nicht um Politik.

Die Ehe als Institution wird von Dauer sein, wenn sie erst einmal aufhört, ins Sexualleben der Beteiligten einzugreifen.

Mit Überraschung stellte ich fest, daß sich Menschen mit der Zeit auseinanderleben, auch wenn sie nicht miteinander verheiratet sind.

Über den Kampf der Geschlechter

Der Kampf der Geschlechter ist ganz angenehm.

Ohne Personalausweis könnte man heute geschlechtslose Männer von geschlechtslosen Frauen nicht unterscheiden.

Die Krise in der Beziehung der Geschlechter ist eine Folge der Emanzipation, in der sich auch die Frau das Recht auf Impotenz erkämpft hat.

Wo gibt es »reine« Frauenprobleme, die die Männer nicht betreffen? Selbst die Menstruation ist es nicht.

Militante Emanzen gehen wie Militärs vor: Sie stellen schwer bewaffnete Wachen vor Objekten auf, die niemand stürmen will.

Manche fortschrittliche Frauen verwechseln Erektion mit Reaktion – weil sie beides nur aus Büchern kennen.

Emanzipiert werden die Frauen sein, wenn sie Witze über heiratslustige Frauen erzählen werden.

Es ist nicht wahr, daß der Grund der kämpferischen Einstellung aller radikalen Feministinnen in ihrer sexuellen Unbefriedigung liegt. Im Gegenteil, in vielen Fällen war es erst die Anti-Männer-Einstellung, die bewirkte, daß sie kein Mann befriedigen kann.

Wen wundert's, daß in Kampagnen gegen die Männer lesbische Frauen die zungenfertigsten sind?

Es lohnt sich heute – ob Mann oder Frau – sexuell unzulänglich zu sein. Manche haben daraus eine Weltanschauung und mehrere Bestseller gemacht.

»Pfui, Gruppensex!« sagte ein Onanist als er ein Pärchen sah.

Männer müssen reaktionär sein – sie müssen auf Frauen reagieren.

Die These von der Männerherrschaft haben sich unterdrückte Männer ausgedacht, um sich als Herren zu fühlen.

Die schlimmste Unterdrückung einer Frau ist, wenn man von ihr verlangt, daß sie alle anderen Frauen ersetzt.

Viele männliche Chauvinisten sind gar nicht so männlich.

Je älter ein Mann wird, um so mehr Verständnis hat er für jene Feministinnen, die Sex ohne Penetration propagieren.

Auch männliche Chauvinisten mögen Frauenbewegungen.

Ich schätze Frauen als Menschen, liebe sie aber als Frauen.

Die Lösung: Der lesbische Mann.

Über Völker

Nationale Eigenschaften sind verbindliche Vorurteile eines Volkes über sich selbst.

Jeder hat eine Heimat – in sich selbst. Und ist dort ein privilegierter Ausländer.

In keinem Land kann einem alles gefallen – es sei denn, man kommt als Tourist.

Im Urlaub trifft man keine Menschen – nur Urlauber oder Personal.

Gutsituierte Leute in reichen Ländern fühlen sich so oft bedrückt – das kann auch vom vollen Magen kommen.

»Internationalismus« wird so verteilt: den kleinen Völkern gibt man das »Inter«, die großen behalten den Nationalismus.

Die erste Abschreibungsgesellschaft entstand durch den Vertrag Gottes mit dem Volke Israel.

Philosemit: Ein Antisemit, der die Juden mag.

Die Kremlherren sprechen russisch, verstehen aber nur byzantinisch.

Befreiung in Afrika: Schwarze werden nicht mehr von Weißen ausgebeutet, sondern von Schwarzen ausgerottet.

Kein Volk hat weniger oder mehr Begabung für Humor als die anderen. Es gibt nur Völker, die den Humor mehr brauchen – zum Überleben.

Wozu brauchen die Schweizer Witz? Es geht ihnen auch so gut.

Der Ruf der Deutschen als humorlose Nation lebt nur noch Dank der Redakteure, Lektoren und Professoren, die ihn wie ein Heiligtum hüten.

Es ist typisch deutsch, zu glauben, daß etwas typisch deutsch ist.

Jedes Volk hat seine eigene Art, zu denken. Alle Völker haben die gleiche Art, nicht zu denken.

Über Geschichte

Im Buch der Geschichte sollte jede Seite mit dem Aufdruck versehen sein: »Eintritt auf eigene Gefahr.«

Das Meer und die Geschichte machen aus der Entfernung einen monumentalen Eindruck. Wenn man mitten drin ist, wird einem übel.

Auch große Männer waren im Leben oft klein. Sie wachsen posthum.

Zukunft ist die Zeit, in der man die ganze Vergangenheit kennen wird. Solange man die Vergangenheit nur teilweise kennt, lebt man in der Gegenwart.

Ein heroisches Zeitalter: die Gelegenheit, Heldenmut zu beweisen, ergibt sich leider sehr oft.

In früheren Zeiten haben die Geschichtsschreiber unbewußt gelogen. Dann wurden sie professionell.

Es gibt Schmuckstücke, die so schwer und kostbar sind, daß man sie nicht verwendet; zum Beispiel die Erfahrungen der Menschheit.

Wir alle schreiben Geschichte. Wir schreiben sie, so gut wir's in unserer täglichen Hetzjagd können. Eines Tages wird jemand kommen, und wird sie umschreiben.

»Was für ein Leben!«, seufzte die Geschichte, die Lehrmeisterin des Lebens. »Jedes Jahr ein neuer Lehrplan!«

Herostrat war einfach ein unorganisierter Dilettant.

Frau Geschichte mag ihr Vergnügen daran haben, vergewaltigt zu werden. Sie gebiert aber danach Tote.

Mit unauslöschlichen Lettern schrieb der König seinen Namen ins Buch der Geschichte: Er ließ einen Dichter hinrichten.

Die Lehrmeisterin des Lebens hat immer das Pech, von Impotenten vergewaltigt zu werden.

Er war ein so mächtiger und ruhmreicher König, daß sich bis heute ein Witz über ihn erhalten hat.

Die Geschichtsbücher wird man einst als science fiction betrachten können – wenn sie ein wenig mehr wissenschaftlich werden.

Einst wurde das Schicksal der Menschen von qualifizierten Gottheiten gelenkt . . .

Wir bezahlen neue Erfahrungen so teuer – weil wir die alten nicht verwerten.

Dann und wann weicht die Menschheit von der logischen Linie ihrer Entwicklung ab. Deshalb existiert sie noch.

Über Krieg, Frieden und Helden

Der einzige natürliche Grund für einen Krieg wäre der Kannibalismus.

Im Krieg kann alles geschehen. Darin ähnelt er dem Frieden.

Der Kampf um den Frieden steigert sich. Man merkt das daran, daß sich in den Zeitungen der Umfang der Kriegsberichte steigert.

Wer keinen Krieg erlebt, wird niemals wissen, was für eine herrliche Vorkriegszeit er erlebt hat.

Wir leben noch immer – obwohl der Tod schon seit Urzeiten bakteriologische Waffen einsetzt.

Der Kriegsgefangene wurde so lange gefoltert, bis er zugab, daß man in seinem Land Kriegsgefangene foltert.

Frieden ist, wenn woanders geschossen wird.

Frieden: Pause zwischen zwei Kriegen.

Lassen wir den Heerführern das Pferd. Sonst könnten sie auf ihren Denkmälern wie Denker aussehen.

Der General: ein Gefreiter, der mehrmals befördert wurde.

Wo ein Korporal den Oberbefehl innehat, gelten die auf Glanz polierten Stiefel als Grundlage der Strategie.

Ein mustergültiger Korporal: man kann sich darauf verlassen, daß ihm nichts Gescheites unterlaufen wird.

Der Berufsoffizier: ein Mann, den wir in Friedenszeiten durchfüttern, damit er uns im Krieg an die Front schickt.

Heldenhaftigkeit ist eine Todesart, keine Lebensart.

Der Oberst: ein Mann, der sich dadurch auszeichnet, daß er einen Major anschreien darf.

Man soll vor niemandem kriechen? Der Feldwebel wird dir das schon ausreden.

Jeder Soldat soll den Marschallstab im Tornister tragen. Aber wehe, wenn der Gefreite ihn dort findet.

Der Kriegsheld: Ein Opfertier, das die ganze Herde in den Tod führt.

Es ist keine Kunst, Heldentaten zu vollbringen, wenn man ein Held ist. Für einen Feigling ist das viel schwerer.

Der Held: ein Mensch, der sein Leben dafür opfert, daß der Lehrer an seinem Beispiel die Kinder zur Folgsamkeit erzieht.

Helden: besttote Besttöter.

Helden braucht man in gefährlichen Situationen, in allen anderen sind Helden gefährlich.

Manchmal braucht man viel Mut dazu, kein Held zu werden.

Vergewaltigte Völker gebären auch Helden.

Du suchst nach Logik in einer Welt, in der die einzige Garantie gegen die Verwendung von Kernwaffen Kernwaffen sind?

Gebt keine Schleudern den Goliaths!

Kriegsvorbereitungen werden ab und zu unterbrochen. Durch Kriege.

»Helden, die für dieses Land gestorben sind . . .« Ist in diesem Satz die Betonung auf *Land*, auf *gestorben* oder auf *dieses?*

Man soll keine Gewalt anwenden, wenn man nicht stärker ist.

Der Heldentod hat meistens keinen Sinn. Welcher Tod hat aber Sinn?

Die Armee unterscheidet sich nicht sehr von dem Zivilleben. Auch beim Militär ist Gehorsam die Haupttugend.

Nichteinmischung ist Einmischung auf der Seite der Stärkeren.

Ich erkläre feierlich, daß ich für die Erhaltung des Friedens alles in meiner Macht Stehende tun werde. Damit habe ich zur Erhaltung des Friedens alles getan, was in meiner Macht steht.

»Um dem Wolf unseren Friedenswillen zu zeigen, lassen wir uns die Hörner abschleifen«, beschlossen die Hammel. »Das wird ihn sicher bewegen, Vegetarier zu werden.«

Wer das Marschieren für den Frieden gelernt hat, wird auch im Krieg gut marschieren.

Der Krieg hat immer ökonomische Gründe. Erst wenn die Menschheit all ihre ökonomischen Probleme gelöst haben wird, wird man Kriege aus anderen Gründen führen.

Eine Welt ohne Kriege ist unvorstellbar – wie es vor einigen Jahrhunderten ein Wagen ohne Pferde war.

Über die Macht

Alle Macht geht vom Volke aus und kommt nie wieder zurück.

Man strebt nach der Herrschaft, wenn man wenig als Mann schafft.

Warum ertragen es die Mächtigen nicht, wenn man ihnen widerspricht? Für Mächtige ist es doch nicht gefährlich!

Machiavelli behauptet, daß jedes Volk die Regierung hat, die es verdient. Ein typischer Machiavellismus.

Der Herrscher sprach: Mein Volk ist frei und *muß* die Freiheit lieben.

»Man kann ein ganzes Volk nicht ununterbrochen betrügen . . .« Ja, man muß ab und zu eine Pause einlegen.

Zwar vermochte der Herrscher den Knoten nicht zu durchhauen, aber es gelang ihm wenigstens, eine Galgenschlinge daraus zu machen.

Die Krone: eine Kopfbedeckung, die den Kopf überflüssig macht.

Der Tyrann hat einen Scherz gemacht: er ließ einen wirklichen Verbrecher hinrichten.

»In einem geordneten Königreich kann der König kein Dummkopf sein . . .« Wieso nicht? Gerade dort kann er es.

Selbstmörder müßten wegen Verletzung des staatlichen Monopols bestraft werden.

Wenn man die Höhe der Denkmäler, die sich die Mächtigen errichten ließen, zusammenlegt, hat man die Breite der Mauer, hinter der sie sich vor dem Volk verbargen.

Ein Herrscher, der Angst hat, jemandem Narrenfreiheit zu gestatten, macht sich selbst zum Narren.

Ich weiß schon, warum Gott ins Hintertreffen geraten ist – weil es heute auf der Welt genügend andere Kräfte gibt, die über uns entscheiden, ohne uns zu fragen.

Bei der Frage »Warum?« greift ein diensteifriger Polizist nach dem Schlagstock.

Die Könige mißhandeln ihre Hofnarren nur aus Konkurrenzneid.

Wie viele Namen hat das Volk, in dessen Namen man spricht?

Machtkampf – ein Kampf um den Platz über der Sonne.

Warum beugen wir uns alle der Macht der politischen Ohnmacht?

Es ist doch selbstverständlich, daß dort, wo die Führer dauernd im Namen des Volkes reden, das Volk nichts zu sagen hat.

»Schenken Sie Gedankenfreiheit, Sire!« – »Gerne«, sagte der Herrscher. »Ich brauch' sie nicht.«

Über Diktatur und Demokratie

Die Diktatur nimmt den Menschen alle Rechte, mehr kann sie nicht tun. Die Demokratie gibt den Menschen alle Rechte, mehr kann sie nicht tun.

Systemunterschiede: Die einen vergewaltigen, die anderen prostituieren.

Der Tyrann ist ein Gemisch aus Feigheit, Borniertheit, Willkür, Unverantwortlichkeit und Selbstgefälligkeit. Er repräsentiert also wirklich die Mehrheit.

Muß »Internationalismus« eine Abkürzung von Intervention und Nationalismus sein?

Das Zugpferd war politisch so gut geschult, daß es sich für einen Kutscher hielt.

Es gab für den Kommunismus schöne Zeiten, als nur die Antikommunisten versuchten, ihn kaputt zu machen.

Gäbe es in den totalitären Ländern tatsächlich weniger Kriminelle als woanders, wäre es kein Wunder – dort wurde auch das Verbrechen verstaatlicht.

Diktatoren sind manchmal so human, daß sie ihren Gegnern nicht nur den Selbstmord erlauben, sondern auch den natürlichen Tod im Gefängnis.

Die offizielle Moral in den kommunistischen Ländern gleicht fast der jesuitischen. Sie ist nur ein wenig päpstlicher.

Das Verbot, ein Land zu verlassen, ist ein Verbot, freiwillig in diesem Land zu leben.

In einem totalitären Staat ist nicht nur alles verboten, was nicht erlaubt wurde – es ist auch nichts erlaubt, was nicht angeordnet wurde.

Unterdrückte Analphabeten, das ist schlimm. Aber viel schrecklicher sind unterdrückende Analphabeten.

Wenn Analphabeten an die Macht kommen, haben sie keine Zeit mehr, ihr Analphabetentum zu liquidieren.

Die Persönlichkeit braucht keinen Kult. Und der Kult braucht keine Persönlichkeit.

Ein fleißiger Zensor wird auch in einer Pantomime ein unzulässiges Wort entdecken.

Es ist bei Strafe verboten, das Buch des Lebens in einer unzensierten Ausgabe zu lesen.

In einem totalitären Regime kommen die Idioten durch Gewalt und Intrigen ans Ruder, in einer Demokratie durch freie Wahlen.

Hundertprozentige Demokratie: Keiner ist so unbedeutend, daß er einem anderen nicht schaden könnte.

Die Demokratie hält Schritt mit der Konservenindustrie: Man muß keine Wählerstimmen mehr kaufen, man kriegt fertige Abgeordnete.

Diktatoren verstopfen den Kritikern den Mund mit Knebeln, die Demokraten – mit Kaviar.

Korrumpieren ist immerhin die mildere Form der Vergewaltigung.

Seid dankbar, wenn die Politiker mindestens wie Kosmetiker arbeiten. Meistens sind sie Maskenbildner.

Viele Gesellschaften mit beschränkter Haftung sind mir lieber als eine mit unbeschränkten Verhaftungen.

Der Konsumterror ist mir immer noch lieber als der politische Terror. Ich lasse mir lieber irgendwelche Unterwäsche aufzwingen als die Gehirnwäsche.

Eine herrschende Schicht, die sich durch Betrug an der Macht hält, beweist damit ihre Menschlichkeit und ihren guten Willen. Sie hätte ja auch Gewalt anwenden können.

Mit dem Analphabetismus der Unterprivilegierten werden die Diktaturen leicht fertig – sie machen ihn zum Privileg der Herrschenden.

Absolute Demokratie: Chirurgen werden gewählt und dürfen ohne Volksentscheid nicht operieren.

Kapitalismus ist das schlechteste aller Gesellschaftssysteme – für Leute, die kein anderes erlebt haben.

Demokratie – das einzige Gesellschaftssystem, das man auf demokratischem Wege abschaffen kann.

Über Politik

Die Archäologen graben aus der Erde die Geschichte der Menschheit aus, die die Politiker dort begraben haben.

Die Humoristen gehen nicht in die Politik, weil sie nur gute Witze mögen.

»Wir protestieren dagegen, daß man *uns* ißt«, sagte im Namen des Rindviehverbandes ein Ochse, »nicht aber gegen den Fleischverzehr im allgemeinen. Das wäre eine undemokratische Einmischung in fremde Angelegenheiten.«

Die Mehrheit schweigt, weil sie nicht existiert. Sie ist nur eine Summe von Minderheiten.

Man baut den Propheten Denkmäler aus denselben Steinen, mit denen man sie gesteinigt hat.

Er hat schon manch ein unlösbares Problem gelöst. Das kommt daher, daß für ihn alle Probleme unlösbar sind.

Für die meisten Menschen ist die Politik ein Hobby, ungefähr so wie das Briefmarkensammeln. Zwar haben die Philatelisten nicht darüber zu entscheiden, welche Marken herauskommen, aber wer geschickt ist, kann auch so daran verdienen.

». . . verkündige dorten, du habest uns hier liegen gesehn, wie das ökonomische Gesetz es befahl . . .«

Starke Verbündete gibt es nicht. Die Starken lassen sich nicht binden.

Natürlich sind die Schweigenden in der Mehrheit, sie haben die besseren Überlebenschancen.

Der Friseur: ein Mann, der etwas gelernt haben muß, damit wir ihm unseren Kopf anvertrauen.

Alle unsere Gefühle, private und politische, haben zwei Quellen: Entweder man läßt sich sie einreden, oder man redet sie sich selbst ein.

Vorsicht ist die Tochter der Parteifunktion.

Der arme Märtyrer! Man hat sich geweigert, ihn zu martern. Er muß im Wohlstand leben.

Losungen sind das Gegenteil von Lösungen.

Der Papst soll die paar Marxisten aus den kommunistischen Parteien übernehmen, die Kommunisten die paar Christen aus der Kirche – und beide haben ihre Ruhe.

»Alles Betrug«, sagte der Menschenfresser. »Sie kommen scharenweise freiwillig auf meinen Tisch – aber sind das noch Menschen?«

Lakai zu sein, war ein hochqualifizierter Beruf, solange er nichts mit politischer Karriere zu tun hatte.

Das Elend trotzt der Mathematik: Wenn man es auf mehr Menschen verteilt, wird es nicht kleiner.

Wäre ich ein Staatsmann, dann möchte ich über mich lesen: ». . . und verweilte mit ihnen in einem kurzen, sachlichen Gespräch . . .«

Falsche Warnrufe sind immer noch weniger gefährlich als falsche Beruhigungen.

Hinter großen Fahnen kann man so manches verstecken.

Die Menschenfresser leben heute überwiegend von künstlicher Ernährung – von denen, die ihnen in den Arsch kriechen.

Bei Verkehrsunfällen gibt man die ganze Schuld den Überlebenden. Bei politischen Unfällen ist es umgekehrt.

Fahnentreue hat mit der Substanz der Fahnen nichts zu tun – die ersten Fahnen waren ja Pferdeschwänze.

Bei jedem Kompromiß gewinnt nur jene Seite, die keine Kompromisse hätte machen müssen.

Die Linke weiß, was die Rechte will, die Rechte weiß, was die Linke will. Nur sich selbst zu erkennen ist schwer.

Rechts, links . . . Das Gehirn hat zwei Hemisphären – die linke und die rechte.

Westliche Außenpolitik: Eine Frau, die ihre Vergewaltigung verhindert, indem sie sich selbst anbietet.

Außenpolitik: Ölkrise oder nicht – aus der Politik wird die Moral öliminiert.

Die UNO soll ihre Beschlüsse von berühmten Künstlern unterzeichnen lassen – damit sie zumindest einen Sammlerwert haben.

Das Wahlproblem: Wen soll ein wählerischer Mensch denn wählen?

Masochistische Politiker sind Agenten der Sadisten.

Sex und Politik haben eins gemeinsam: Das Ziel ist ein Vorwand, wichtig ist das Spiel.

Je fruchtbarer die Politik, um so mehr kosten uns dann die Abtreibungen und die Fehlgeburten.

»Kein Mensch ist gut genug, einen anderen ohne seine Zustimmung zu regieren«, sagte Abraham Lincoln. Die Praxis zeigt, daß die Zustimmung auch nichts ändert.

Zu einer Regierung, für die die Massen – selbst freiwillig – demonstrieren, kann man kein Vertrauen haben. Eine gute Regierung muß ein wenig unbeliebt sein.

Ist die Dringlichkeit eines Warnrufes davon abhängig, ob er von links oder von rechts kommt?

Keine Masochisten in die Politik! Sie lassen sich beim Auspeitschen von denen vertreten, die sie vertreten.

Wäre Alexander der Große ein heutiger westlicher Staatsmann, könnte er den gordischen Knoten nicht so schnell durchhauen: Er müßte erst feststellen, ob er nicht von den Sowjets verknotet wurde.

Ein diktatorisches Regime in Südamerika kann nur dann in Europa salonfähig werden, wenn es so viel Erdöl fördert wie Lybien oder so eine starke Armee hat wie die Sowjetunion.

Die einzige Hoffnung Europas: Die Volksrepublik China und die Sowjetunion. Die Chinesen, weil sie die Sowjets bremsen; die Russen, weil sie zwischen uns und China liegen.

Die Stalinisten sind ideale Kommunisten. Für Antikommunisten.

Die alten Konservativen betrachten die Welt als gegeben; die jungen Progressiven warten darauf, daß man sie ihnen gibt.

Die Gesellschaft ist wie ein alter reicher Onkel: Alle wünschen ihr Wohl, versorgen sie mit Patentrezepten und reißen sich um die Erbschaft.

Weltraumprojekte sind die Pyramiden von heute – Denkmäler einer Epoche, die ihre Energie viel nützlicher verwenden könnte.

Parteien mit starken Flügeln bekommen schwache Beine.

Wohlstand allein reicht noch nicht zum Wohlzustand.

Großmächtige Freunde oder ein eigenes Auto machen uns von allen unabhängig – außer von ihnen selbst.

Ein tugendhafter Politiker ist lobenswert, aber kaum brauchbar.

Über Gerechtigkeit

Wurde der Spruch »Die Gerechtigkeit siegt« von einem Kämpfer für die gerechte Sache – oder von einem Sieger erfunden?

Menschenrechte sind Rechte für Minderheiten. Denn jeder Mensch ist eine Minderheit.

Sollen alle Menschen gleiche Rechte haben, müssen sie das Recht haben, nicht gleich zu sein.

Auch wenn alles verstaatlicht ist, sollte jeder Richter sein eigenes Urteil haben.

Seit die Theorie Lombrosos, daß es geborene Verbrecher gibt, von der Wissenschaft abgelehnt wurde, sind wir alle verdächtig.

Es verursacht mir schwere Gewissensbisse, daß ich Leuten ihre Zeit stehle, wenn sie sich auf Grund eines grundlosen Verdachtes mit mir beschäftigen.

Alles verstehen, heißt alles verzeihen? Dann mag ich lieber Leute, die nicht für alles Verständnis haben.

Die Humanität schafft es schon, einen Mörder am Leben zu erhalten – die Ermordeten noch nicht.

Mord soll als verjährt gelten, sobald der Ermordete wieder am Leben ist.

Sie haben mir recht gegeben. Mit dem Schlagstock.

Wir sollen nicht die Unschuldsvermutung geltend machen, wenn wir über uns selbst urteilen.

Angeblich sind die Götter Sinnbilder der menschlichen Eigenschaften. Auch die Göttin der Gerechtigkeit?

In der bundesdeutschen Justiz gibt es eindeutig eine politische Diskriminierung – jenen Bankräubern und Mördern gegenüber, die sich kein politisches Motiv ausgedacht haben.

Für die Opfer gibt es meistens mehr Entschuldigungen als für die Mörder. Nur – sie helfen ihnen nicht mehr.

Es geht darum, den Prozentsatz an Verbrechern unter den Gefängnisinsassen zu steigern.

Wer unschuldig verurteilt wird, ist selbst schuld – er hätte doch was verbrechen können!

Über Freiheit und Sklaven

Freiheit? Kann man das essen?

Wohin sperren die Gegner des Einsperrens ihre Gegner ein?

Nach Gleichheit und Brüderlichkeit sehnen sich die Menschen nur, solange sie keine Freiheit haben.

Er hielt das Banner der Freiheit hoch. Dann zerschnitt er es, weil er Windeln brauchte.

»Ich und mein Esel«, sagte der Mann auf dem Eselsrücken, »sind vollkommen frei. Wir reiten, wohin wir wollen.« – »Jawohl, so ist es«, sagte der Esel.

Ein freier Mensch ist einer, der sich wenigstens seiner Unfreiheit bewußt geworden ist.

»Bin ich der Wächter meines Bruders?« fragte Kain. Seither hat der Mensch nur zwei Möglichkeiten: entweder erschlagen oder überwacht zu werden.

Unser Drang nach Freiheit ist wie die Freiheit selbst – eine Selbsttäuschung, mit der wir uns schmeicheln wollen.

Konzentrationslager: Früchte der Vergewaltigung einer Gesellschaft.

Nieder mit der Ausbeutung des Menschen durch den Menschen! Es lebe die Ausbeutung durch ganze Kollektive!

»Ich darf verfolgen, wen ich will«, sagte der Polizist. »Das ist der Beweis vollkommener Freiheit.«

Sklaverei ist kein Rechts- sondern ein Geisteszustand.

Die hartnäckigsten Anhänger der Sklaverei waren nicht die Sklavenhalter, sondern die privilegierten Sklaven.

Sklaven: das waren Menschen, die noch einen bestimmten Wert hatten.

Wären die Sklaven bereit gewesen, soviel zu arbeiten wie freie Menschen, hätten wir immer noch Sklaverei.

Die Peitsche des Sklavenaufsehers wurde nur deshalb durch Ideologien ersetzt, weil diese wirksamer und billiger sind. In Zweifelsfällen kehrt man zur Peitsche zurück.

Die Sklaverei kann man abschaffen. Aber wie schafft man die Sklaven ab?

Der Sklave will nicht frei werden. Er will Sklavenaufseher werden.

Die Gesellschaft hat drei Mittel erfunden, um den Menschen im Zustand der Sklaverei zu halten: die Gewalt, das Geld und die Freiheit.

»... für all diese Verbrechen wird die Menschheit zu einer unbegrenzten Anzahl von Jahren schwerer, verschärfter Freiheit mit regelmäßigen Fastjahren verurteilt ...«

Die Menschen kämpfen für die Freiheit, die Art ihrer Unfreiheit selbst wählen zu dürfen.

Über Fortschritt und Revolution

Revolution: Weg mit den alten Tyrannen! Platz für neue!

Muß ich für die Paralyse sein, wenn sie progressiv ist?

Mit Computern irrt man viel genauer.

Zivilisation: die Eskimos bekommen warme Wohnungen und müssen arbeiten, um Geld für Kühlschränke zu verdienen.

Der Tod macht vom Fortschritt der Technik ungleich besseren Gebrauch als das Leben. Auch im Atomzeitalter werden die Menschen noch immer nach dem gleichen technischen Verfahren hergestellt wie in der Steinzeit.

Sind industriell vorfabrizierte Meinungen ein Fortschritt?

Die schönsten Zukunftsvisionen zeigt man den Menschen durch ein Loch in ihrem Gedächtnis.

Lohnte es sich, all die historischen Tempel und Paläste zu bauen – für *die* Touristen, die sie heute besuchen?

Unser Leben ist schwerer als das unserer Vorfahren, weil wir uns so viele Dinge anschaffen müssen, die uns das Leben erleichtern.

Das Ergebnis des Fortschritts im Gesundheitswesen: die Schein-Behandlung.

Die Weltverbesserer machen den Fehler, die Menschen zu lieben. Das verhindert sie, die Menschen zu kennen.

Der Konservativismus ist ein verwickeltes Phänomen. Es gibt Konservative, die sich aus purem Konservativismus für Kommunisten halten.

Gottes Sohn hat sich mit Recht die Aufgabe gestellt, die Welt zu erlösen. Mein Vater hat aber diese Welt nicht verpatzt!

Die Schwarzmagier und die Weltverbesserer schaden nie dem, den sie verfluchen. Gefährlich sind sie nur für die, die sie retten wollen.

Man muß nicht unbedingt reich sein, um sich dem Kampf für die Rechte der Armen widmen zu können, man kann auch durch diesen Kampf reich werden.

Revolutionen sind jene skandalösen Zeitabschnitte, in denen die Wahrheit nackt durch die Straßen geht und die Polizei wagt nicht einzuschreiten.

Die Revolution in Deutschland ist unmöglich. Würde man alle Revoluzzer zusammentrommeln, fänden sie nicht genug Parkplätze.

Ich habe jeden Welterlöser im Verdacht, daß er den Erlös kassieren will.

Ein Hund, der seinen Herrn anbellt, muß noch kein Revolutionär sein. Meistens will er nur einen Knochen.

Man könnte sich eine bessere Welt vorstellen, aber auch bessere Weltverbesserer.

Revolution: Eine chirurgische Operation an der Gesellschaft, mit Sprengstoff durchgeführt.

Revolutionen stürzen nicht die schlimmsten Unterdrücker, sondern die schwächsten.

Endet die Revolution mit dem Sieg, endet mit dem Sieg die Revolution.

Wer wird die Welt von den Erlösern erlösen?

Über die Wahrheit

Die Wahrheit siegt immer. Denn immer ist das, was siegt, die Wahrheit.

Wer nur die einzige Wahrheit kennt, muß viel lügen.

Der Mensch lebt nicht vom Brot allein. Wie wahr! Aber kann man von der Wahrheit leben?

Die sittliche Berechtigung der Lüge liegt in der Tatsache, daß sie sich bezahlt macht.

Die Wahrheit muß nicht schön sein, die Schönheit muß nicht wahr sein.

Nichts kommt uns so teuer zu stehen wie billige Wahrheiten.

Zwischen der Wahrheit und der Zwiebel besteht eine gewisse Ähnlichkeit. Kaum hat man die Hüllen entfernt, muß man weinen.

Wer den Witz fürchtet, fürchtet die Wahrheit? Das ist nicht wahr. Wahr ist: Wer die Wahrheit fürchtet, fürchtet den Witz.

Nicht nur die Skylla der Illusion, auch die Charybdis der Wahrheit lockt Unvorsichtige mit Sirenengesang.

Du mußt sparsam sein, mein Freund, du darfst nicht alles auf einmal ausgeben. Auch nicht die ganze Wahrheit.

Narren sprechen die Wahrheit. Was kann die Wahrheit dafür?

Möchten Sie Wahrheit im Wein? Natur oder gesüßt?

Wahrheit im Wein? Verdirbt das nicht den Geschmack?

Wahrheit und Wein – die besten Objekte für Etikettenschwindel.

Warum eigentlich gewinnen Wahrheit und Wein erst dann am Wert, wenn man sie in dunkle Keller einsperrt?

Wahrheitsexperten gibt es mehr als Weinkenner – denn das muß man lernen.

Selbst weinfesten Menschen geht es schlecht, wenn sie zu viel Wahrheit schlucken.

Warum gibt es keine Wahrheit im Essig? Kann sie die Prüfung mit der Säure nicht bestehen?

Nicht alle Sorten von Wein und Wahrheit werden mit dem Alter besser.

Beim alten Wein wird es problematisch: Aus welcher Zeit stammt seine Wahrheit?

Kaufen kann man die Wahrheit nur im Wein, obwohl sie auf viele Arten verkauft wird.

Die Wahrheit kann nicht immer im Wein sein – der Wein hat ab und zu auch gute Jahre.

Woher nimmt man so viel Wahrheit – für all die Hektoliter Wein?

Den reinsten Wein schenken uns die Politiker ein: Ohne Beimischung von Wahrheit.

Über Presse und Journalisten

Papier ist geduldig. Es könnte sogar die Wahrheit ertragen.

Der Tiefdruck ermöglicht eine Menge seichter Schreibe.

Journalist: Ein Schriftsteller, dessen schöpferische Phantasie ein wenig von der Wirklichkeit eingeschränkt wird.

Zeitungen gleichen den Sparbüchern: daß sie vollgeschrieben sind, bedeutet noch nichts.

Nur die Zeitung vollbringt das Wunder, daß ein Artikel vollkommen trocken bleiben kann, obwohl er aus purem Gewäsch besteht.

Vergib uns unsere Zeitungen, o Herr!, denn Unwissenheit ist keine Sünde.

Eine wirklich praktische Schreibmaschine: Ihre Tastatur hat drei verschiedene Arten von Gänsefüßchen und kein Fragezeichen.

Wir kommen heute mit weniger Kindern aus – den restlichen Lärm besorgt jetzt die Stereoanlage.

Manche Publizisten sollten in die Transportgewerkschaft aufgenommen werden: Sie befördern nur fremdes Gedankengut.

Wo Pressefreiheit herrscht, ist es für einen Journalisten nicht ehrenrührig, auch die offizielle Meinung zu vertreten.

Aus der Verbreitung von Rundfunk und Fernsehen ergibt sich neben vielen anderen Problemen auch dieses: Was geschieht mit dem Sprichwort »Er lügt wie gedruckt«?

Weckuhren und Kritiker dürfen nicht rücksichtsvoll sein.

Solange die Leute in der Zeitung nach Mordfällen suchen, ist die Weltlage noch nicht ganz tragisch.

»Auch wir«, sagte der Bergsteiger zum Journalisten, »können uns das Genick brechen, wenn wir vom vorgezeichneten Weg abweichen.«

Er erreichte mit seinem Artikel alles, was er erreichen wollte: Der Artikel wurde gedruckt.

Es ist eine Verleumdung, daß die Zeitungen ihre Leser nicht zum Denken anregen. Sie bringen ja Kreuzworträtsel.

Freiheit des Wortes: Ihr sagt, was ihr wollt – wir machen, was wir wollen.

Über Musen

Selbst tausend Musenküsse erreichen nichts, wenn der Auserwählte impotent ist.

Die unbestechlichen jungfräulichen Musen gebären viele käufliche Söhne.

Auch die Beziehungen zwischen Poeten und Musen beweisen: Allein durch treue Hingabe gewinnt man die Gunst einer Dame nicht.

Die Muse eines Profis ist auch eine Professionelle: Sie küßt, wenn ein Honorar winkt.

Die Musen sind Gottseidank Heidinnen, also an unsere Moral nicht gebunden.

Schrecklicher Wachtraum um zwei Uhr nachts: Was passiert, wenn die Musen zum Acht-Stunden-Arbeitstag übergehen? Oder wenn sie sich der Women's Lib. anschließen?

Die einseitige Liebe zu einer Muse ist meistens unheimlich fruchtbar. Unheimlich!

Warum gibt es keine Strafen für Vergewaltigung der Musen?

Ist es moralisch, wenn ein Mann von einem ganzen Musenharem geküßt wird?

Verkehren homosexuelle Genies mit männlichen Musen?

Über Schriftsteller und Bücher

Das schreckliche Los des Schriftstellers: Von der Zusammenarbeit des Hirns mit dem Hintern abhängig zu sein!

Der Schriftsteller X. wird nie Karriere machen. Seine Bücher sind hoffnungslos gut.

Verkannte Literaturgenies sind kein Problem. Auf diesem Gebiet übersteigt das Angebot die Nachfrage.

Der Schriftsteller X muß ein Genie sein – denn er hat Erfolg, obwohl er kein Talent und nichts zu sagen hat.

Nicht jeder Autor, der sich verkauft, ist ein Bestseller-Autor.

Dichter als Richter – das wäre erst schlimm!

Es hat keinen Sinn, Parodien zu schreiben. Auf diesem Gebiet der Literatur wurde die Selbstbedienung eingeführt.

Die größte Schwierigkeit des Schriftstellers besteht in der Wahl der richtigen Worte. Am leichtesten schreiben jene, die nur über einen geringen Wortschatz verfügen.

Die Bescheidenheit der Dichter ist eine falsche Bescheidenheit; sie sind Menschen wie alle anderen.

Die Bezeichnung »männlich« im Personalausweis des Lyrikers X. ist nichts weiter als eine bürokratische Formalität.

Das Wichtigste bei einem Schriftsteller ist seine Sprache. Vorausgesetzt, er hat etwas zu sagen.

Bücherschreiben ist das einzige Verbrechen, bei dem sich der Täter bemüht, Spuren zu hinterlassen.

Ich habe es sehr kompliziert beschrieben, weil ich davon keine Ahnung habe.

»Eure Perlen sollt ihr nicht vor die Säue werfen«, sagte der Evangelist, und meinte die Perlen des Geistes. Er konnte nicht die Massenproduktion von falschen Perlen voraussehen, mit denen man das Publikum zur Sau macht.

Die findigen Autoren sind die, die nichts suchen.

»Ein begabter Schriftsteller«, sagte man. Dann wurde er berühmt, und niemand redete mehr von Begabung.

Aus Werbegründen wurde dem Bestsellerautor eingeplant, daß er in der Buchmessewoche sterben muß.

Ich gehöre zu der kleinen Clique von Literaten, die keiner Literaturclique angehören.

Schriftsteller, über die besser geschrieben wird, als sie selbst schreiben, sind nicht zu beneiden.

Naive Fragen stellen nur die Dichter, die die Antwort kennen. Diejenigen, die genaue Antworten geben, wissen nichts.

Er schrieb ein Buch über die Hölle, die ihm seine Frau aus dem Leben machte. Das Buch wurde zum Bestseller. Die Urheberrechte hat jetzt die Witwe.

Witzig und tief kann nur ein etablierter Autor sein. Vorher muß man so schreiben, daß jeder Redakteur es versteht.

Die Präzision der Sprache beruht darauf, daß Worte nicht präzis sind.

Gegen zu niedrige Honorare können sich Autoren erst dann wehren, wenn sie schon die höheren bekommen.

Impotente Dichter haben mehr Zeit, Liebeslyrik zu schreiben.

Glauben Sie den Lyrikern nicht: Nicht alle sind so impotent wie sie schreiben.

Der Lyriker Iks ist kein Donjuan. Er verschafft sich nur viele Freundinnen, um Leserschaft zu haben.

Büchernarr: Er liest sogar die Bücher, die er rezensiert.

Literaturkritiker, die nicht schreiben können, sind halb so schlimm wie jene, die nicht lesen können.

Wenn es der Informatik einmal gelingt, die innere Beziehung zwischen dem Werk und dem Charakter des Autors herzustellen, wird man endlich wissen, wie die Autoren werden wollten.

»Ich habe den bitteren Kelch bis zur Neige getrunken«, sagte der Dichter nach dem fünften Krug Bier.

Wenn es keine Literaturkritiker gäbe – wer sollte dann die Fragen stellen, die die Literaturkritiker beantworten können?

Er ist fast schon ein Klassiker. Er wird kaum noch gelesen.

Literaturhistoriker leben von Büchern, die niemand liest.

Der Komplex, an dem einige junge Autoren leiden, besteht darin, daß sie sich einbilden, an keinem Komplex zu leiden.

Es ist nicht wahr, daß das geschriebene Wort keine Wirkung hat. Ich habe unlängst mit einem Denunzianten gesprochen, und er äußerte sich sehr positiv.

Epigonentum? Auf anderen Gebieten des öffentlichen Lebens nennt man das »Fortsetzung der Tradition«.

Was für Poesie könnte entstehen, hätten die Dichter soviel Phantasie und soviel Eifer wie die Folterknechte!

Er war immer ein engagierter Schriftsteller. Er hat nur oft sein Engagement gewechselt.

Ein Schriftsteller ist arriviert, wenn alles, was er schreibt, gedruckt wird. Ein Schriftsteller ist berühmt, wenn alles, was von ihm gedruckt wird, gelobt wird.

Welche Überraschung: Hinter einer Tür mit der Aufschrift »Amtlich anerkanntes Genie« saß ein Genie.

Zur Frage der Selbstzensur: Neuvermählte schreiben keine Satiren über die Ehe.

Für den Leser ist ein gutes Buch das billigste Hobby, für den Schriftsteller – das teuerste.

Nur alte Bücher sind wertvoll. Ein neues kann sich schließlich jeder Zeitgenosse selber schreiben.

Der Stil ist der Mensch. Und der Mensch ist ein nachahmungsfähiges Wesen.

Selbst die Bibel verliert am Wert, wenn man sie als ein heiliges Buch betrachtet.

Das Genie: ein Mensch, der Talent hat, und dazu die Zähigkeit eines Menschen, der kein Talent hat.

Wer für die Nachwelt schafft, ist ein Optimist: er hofft, daß sie sein Werk verstehen und es ihm erklären wird.

Wer für die Nachwelt schafft, ist ein Pessimist: er nimmt an, daß sie um nichts gescheiter sein wird als er.

Wer für die Nachwelt schafft, ist ein Realist: das Honorar bezieht er von ihren Vorfahren.

Literarisches adelt – man unterschreibt ja seine Arbeiten mit einem »von«.

Selbst wenn man keine Tinte benutzt, kann man sich beim Schreiben die Hände schmutzig machen.

Es gibt Autoren – zum Beispiel Kafka – die weiter gelesen werden, obwohl sich die Literaturwissenschaft mit ihnen intensiv beschäftigt.

Ich gelte als Verbrecher, weil ich meinen Autozensor erschlagen habe.

Die große Literatur entstand Dank der Unzulänglichkeit der damaligen Polizei. Wenn ein Autor wollte, daß man sein Leben und seine Gedanken kennt, mußte er schreiben.

Eine verbreitete Literaturrichtung: Narzißmus-Onanismus.

Den größten Erfolg beim großen Literaturfest hatte Alois Müller: Er verkaufte da 50 000 Würstchen.

Die Literaturwissenschaftler verstehen was von der Literatur – sie verstehen es, von ihr zu leben.

Selbstverständnis der Schriftsteller? Kann jemand, der sich selbst versteht, Schriftsteller werden?

»Ich habe heute leicht Geld verdient«, sagte der Schriftsteller. »Einfach nur ein paar Stunden Steine geklopft.«

Schriftsteller A. hat eine viel höhere Meinung von der Intelligenz der Leser als sein Kollege B. Dafür hat B. viel höhere Auflagen.

Er war mit dem Verriß des Buches fertig. Jetzt konnte er es endlich in Ruhe und mit Vergnügen lesen.

Mein Buch ist dünn – na und? Die Scheckbücher der Millionäre sind auch nicht dick.

»Ich bin mit meinem Buch nicht zufrieden«, sagte der Autor. »Ich hätte ein besseres Buch schreiben können, wenn ich es könnte.«

Über Kunst und Künstler

Nur die Kunst gibt uns die Möglichkeit, auch das zu sagen, was wir nicht wissen.

Auch wenn Sie unmusikalisch sind – pfeifen Sie drauf!

Angeblich soll es Kunstwerke geben, die unverständlich, verrückt, schockierend – und trotzdem keine Kunst sind.

Einen echten Künstler inspiriert auch die Liebe, die er sich bezahlen läßt.

Manche Leute wissen nicht, was sie wollen, aber sie wollen nur das und nichts anderes. Sie halten den Betrieb auf, in der Kunst wie im Schuhgeschäft.

Das Prinzip, daß jeder ein Künstler sein kann, bedeutet nicht die Demokratisierung der Kunst, sondern ihren Gegensatz – die Verachtung der Kunstkonsumenten.

Die Schönheit ist wie die Wahrheit: keiner kann sie genau definieren und jeder kann glauben, daß er sie besitzt.

Und mögen sich die Fachästheten auf den Kopf stellen: Für mich ist das schön, was mir gefällt.

Mädchen und Künstler, die es allen recht machen wollen, müssen mit Fehlgeburten rechnen.

Kunst, Literatur, Philosophie – das ist die Rache der ohnmächtigen Schöpferischen an den primitiven Mächtigen.

Warnung an die Herren Herrscher: Nur ein künstlerisch wertvolles Denkmal überlebt seinen Auftraggeber.

In der Kunst kann man alle möglichen Stile mischen, aber die Mischung muß Stil haben.

Er hat das Talent, ein Talent zu verkaufen, das er nicht hat.

Es ist historisch belegt, daß im alten Griechenland ein Talent soviel wie hundert Ochsen wert war.

In der Kunst wie in der Industrie ist besser dran, wer später kommt: er hat die modernere Herstellungsmethode und die größere Chance, sein Produkt zu standardisieren.

Der Stil ist der Mensch. Den hervorragenden Stil eines großen Schriftstellers erkennt man sogar in seinen Denunziationen.

Um seine schöpferische Unruhe zu pflegen, braucht man vor allem Ruhe.

Nicht nur Vergewaltigung macht die Kunst fruchtlos – auch die Selbstbefriedigung.

Auch vor dem Tempel der Kunst stehen Wächter und Bettler.

In der Kunst kann nur derjenige etwas Neues sagen, der nicht genug gebildet ist, um zu wissen, daß schon alles gesagt wurde.

Manche Leute, die ein Kunstwerk als unverständlich ablehnen, erinnern mich an die berühmten Worte aus dem »Braven Soldaten Schwejk«: »Das ist aber eine Hure – sie will nicht mit mir schlafen!«

Kunst hat mit Politik nichts zu tun? Versuch doch einmal, einen Pantomimen beim Wort zu nehmen!

Unfreiwillige Krimis im Theater: Wenn der Zuschauer bis zum Ende raten muß, ob es um etwas geht.

Heute kann jeder Theaterkritiker werden, nur ich nicht – ich schnarche.

Die Arbeiten des Malers X. haben etwas Gottähnliches: Wenn er Landschaften malt, wird's genial, wenn er Menschen malt, wird's miserabel.

Manche Bilder werden mit Recht aufgehängt.

Ein Stuhl kann ein Kunstwerk sein. Mir ist es aber wichtiger, daß man in ihm bequem sitzen kann.

Die Karriere dieser Schauspielerin begann mit der bedeutenden Rolle, die sie im Leben des Regisseurs gespielt hat.

Ich kenne einen Schauspieler, der wie ein Lehrer aussieht, der wie ein Schauspieler aussehen möchte, der einen Lehrer spielt.

Bei dem Mangel an Komik im heutigen Theater muß man für die Possen um die Besetzung von Intendanten-Posten dankbar sein.

Bei der Premiere applaudieren auch jene Rezensenten, die dann das Stück verreißen.

Wenn die Werke der Kunstscharlatane endlich so alt sind, daß man sie als Schwindel bezeichnen könnte, ohne sich als Feind der Moderne zu kompromittieren, sind sie schon klassisch.

Wieviel kriegt man für einen Abend in der Oper? Ist es danach abgestuft, in welcher Reihe man sitzt?

Als es noch keine Hit-Sänger gab, hielt man Tenöre für dümmlich.

Pantomime ist die Reaktion auf das Niveau der Texte.

Absurdes Theater – die einzige wirklich lebensnahe Kunst.

Die Literatur war zwar im XIX. Jahrhundert besser als jetzt, aber das Fernsehen – kein Vergleich!

Wozu heute noch Amateurtheater spielen? Das Fernsehen bringt genug davon.

Die meisten Filmdialoge werden von rachsüchtigen Anhängern des Stummfilms geschrieben.

Schon wieder ein Film, der keine Rücksicht auf das Publikum nimmt: er enthält einen Gedanken.

»Ich wasche mein Geschirr am liebsten selbst«, sagte die Filmdiva. »Dabei kann ich wenigstens nachdenken.«

Hätte Shakespeare für den Film geschrieben, wären schon zu seinen Lebzeiten Zweifel entstanden, ob er wirklich gelebt hat.

Man sollte sich nicht darüber beschweren, daß die Handlung eines modernen Films keinen Schluß hat. Das ist heutzutage das einzig mögliche Happy-End.

Könnte man die Hit-Sänger nicht bewegen, chinesisch zu singen? Damit man mindestens die Texte nicht versteht.

Auch den letzten Traum zerstört das Fernsehen: Es ist kein Vorteil mehr, Analphabet zu sein.

Eine verregnete Kopie, eine schematisierte Handlung, uninteressante Figuren – kurzum: ein Film, der uns das Leben zeigt, wie es ist.

Das Fernsehen wurde erfunden, um den Analphabeten einen guten Grund zum Brillentragen zu geben.

Film- und Fernsehleute müssen sehr viel Phantasie haben. Ein Mensch mit normaler Vorstellungskraft könnte sich bei den meisten Produktionen gar nicht vorstellen, daß man sowas zeigen kann.

Das Musikinstrument, das den größten Einfluß auf die Kultur ausgeübt hat, ist die Pfeife. Die des Polizisten.

Phantasie ist etwas, was sich manche Leute gar nicht vorstellen können.

Über Analphabeten und Intellektuelle

Der teuerste Spaß der Welt: Viel Geld für jemandes Bildung auszugeben, um ihn dann einen Intellektuellen zu schimpfen.

Wer sich mehr Macht nimmt als seiner Verantwortung entspricht, ist ein Betrüger. Wer mehr Verantwortung auf sich nimmt als es seiner Macht entspricht, ist ein Intellektueller.

Intellektuelle: Leute, die mit ihren Eierköpfen gegen Mauern rennen. Erfolgreich sind nur die, die sich ihre Mauern selbst bauen.

Intellektuelle sind in hohen Staatsämtern gefährlich, weil sie manchmal selbst glauben, was sie sagen.

Wird ein Eierkopf durch Ideologie befruchtet, verwandelt er sich in einen Hühnerkopf.

Die Intellektuellen sind zu arm, um sich betrügen zu lassen. Sie betrügen sich selbst – und verdienen noch daran.

Wer A sagt, muß auch B sagen. Aber was, wenn einer vom ganzen Alphabet nur das A kennt?

Ein in unserer Zeit sehr gesuchter Beruf: Rechtschreibfehler für die Analphabeten zu machen.

Sogar in der Kommission zur Bekämpfung des Analphabetismus sitzen ein paar Analphabeten.

Die Tugend der (physisch und geistig) Impotenten: Man kann sie nicht verführen.

Das Lesen verdirbt die Augen. Nur die Analphabeten sehen die Welt richtig.

Grammatik war seine Stärke, abgesehen davon, daß er »Gramathik« schrieb.

Er war ein so großer Wissenschaftler, daß er schon einfach und verständlich schreiben konnte.

Auch den Möbelpackern sind Leute, die Bücher lesen, zuwider. Die Möbelpacker haben aber einen gewichtigen Grund dafür.

Angeblich gibt es Länder, in denen es der Mühe wert ist, ein Hochschuldiplom zu fälschen.

Ist es denn die Schuld der Intellektuellen, daß sie außerstande sind, nicht zu denken?

»Das macht nichts, daß sie Intelligenzler sind. Ich bin selbst mütterlicherseits ein Viertelintelligenzler, und trotzdem habe ich im Leben etwas erreicht . . .«

Mit den kleinen Kindern verhält sich's ähnlich wie mit den Intellektuellen: Wenn sie Lärm machen, gehen sie uns auf die Nerven, wenn sie still sind, ist es verdächtig.

Der Streit um Elitarismus ist ein Streit zwischen verschiedenen Eliten. Die intellektuelle Elite ist zumindest intellektuell.

Tragödie: keinen einzigen eigenen Gedanken zu haben und als Intellektueller verfolgt zu werden.

Über alles Mögliche

Wahnsinn ohne Methode ist verboten!

Falls die sozialen Ursachen der Prostitution beseitigt werden, wird sie halt ohne diese Erklärung weiter leben.

Der sicherste Weg zur Popularität: ein abschreckendes Beispiel zu werden.

In der Fremde mißfallen mir so viele Dinge, daß ich mich fast wie zu Hause fühle.

Unglücklicherweise sind die Brücken, die man hinter sich abbrechen will, immer aus dem stärksten Eisenbeton.

Er kannte sich. Aber nur vom Hörensagen.

Hunde, die bellen, beißen nicht. Aber sie bellen doch nicht ununterbrochen?

Je weniger wir über unser eigenes Schicksal entscheiden können, desto leichter entscheiden wir über das Schicksal anderer.

Eine schreckliche Vorstellung: sich mit nacktem Hintern auf einen Igel zu setzen. Aber auch für den Igel kann das nicht angenehm sein.

Als sie ihm den Scheiterhaufen unter den Füßen anzündeten, merkte er endlich, woher der Wind weht.

Wenn zwei dasselbe tun, ist es nicht dasselbe. Aber beide *wollen* dasselbe.

Demütig bitten wir Dich, o Herr, uns von der Sünde der Demut zu befreien!

Ein klassenbewußter Lakai wird lieber der Arbeiterklasse dienen, wenn er mehr dafür bekommt.

Auch eine noch so große Anzahl von Schwalben macht keinen Sommer. Dazu bedarf es eines Wetterumschwungs.

Als absurd bezeichnen wir, was nicht möglich ist und trotzdem passiert; was möglich ist, aber nicht passiert, bezeichnen wir als typisch.

Leute, die immer nur mitfahren, sind stolz darauf, keine Unfälle zu verschulden.

Die Katze meint es ehrlich, wenn sie sagt, daß sie die Mäuse gern hat.

Es gibt Situationen, in denen man aus Selbsterhaltungstrieb den Selbstmord begeht.

Sei genügsam. Nimm dir von allem nur soviel, als du unbedingt brauchst. Auch von Problemen.

Versuchen Sie es nicht, einem Hungernden zu erklären, daß Sie hungern müssen, um abzunehmen.

Umweltschutz ist eine öffentliche Aufgabe. Wenn es aber um unsere Innenwelt geht, haben hier professionelle Saubermacher nichts zu suchen.

Hätte es schon in den alttestamentarischen Zeiten eine internationale Urheberrechtskonvention gegeben, könnten das Christentum und der Islam gar nicht entstehen.

Wer sich mit sich selbst nicht langweilt, muß nicht reisen. Die Zahl der Touristen wächst jedoch dauernd.

Es gibt Äußerungen, über die man sich totlachen könnte, wenn man sie ernst nehmen würde.

Unumstritten ist für uns nur das, was uns nicht interessiert.

Die Blinden werden nie den Einäugigen freiwillig zum König wählen: Er sieht ihre Probleme nicht.

Wer etwas verstehen will, muß verstehen wollen.

»Warum?« eine kindische Frage.

Die einträglichste Wohltätigkeit: Sammlung abgenutzter Gedanken für die Armen im Geiste.

Wenn man schon zugrunde geht – wozu noch Begründungen?

Schickt man die Lebensmittel, die man bei Abmagerungskuren spart, den Hungernden?

Existenzangst? Es gibt einige Zeitgenossen, deren Existenz mir mehr Angst einjagt als die meine!

Eine gute Nase hütet sich selbst – man riecht rechtzeitig, wann man auf die Nase fallen könnte.

Es gibt ausführliche Ausführungen, die auch tatsächlich ins Aus führen.

Masochismus auf Kosten anderer Menschen ist Sadismus.

Kommt die Frau in die Wechseljahre – wird sie gewechselt.
Kommt der Mann in die Wechseljahre – wechselt er die Frau.

In kleinen Städten klingt selbst das Radio provinziell.

Die Krise der Lebensmitte ist die Krise des Mitlebens.

Um einen Fragebogen soll man einen Bogen machen, ohne erst viel zu fragen.

Warum heißt es »Statistischer Fragebogen«? Statistisch gebogen werden doch erst die Antworten!

Warum ist man enttäuscht, wenn man enttäuscht wird? Ist es denn besser, getäuscht zu werden?

Prostitution: Ein Mensch wird bezahlt, damit er sich selbst vergewaltigt.

Anständige Menschen nehmen Bestechungsgelder nur in einem Fall – wenn sie Gelegenheit haben.

Atomspaltung: Haarspaltung auf dem Kopf der Menschheit.

Er kannte ihn so lange, daß er schon lange nicht mehr wußte wie er heißt.

Kompromiß sucht Kompromister zwecks ausgeglichener Ehe.

Das gute am Patriarchalismus: Man hatte einen Vater und wußte wessen Kind man ist.

Die paar Leute, die Herrn Iks kannten, wußten gar nicht, wie berühmt er ist.

Auch Tierfreunde mögen Koteletts.

Eine sparsame Hausfrau kauft Kosmetik kistenweise ein, wegen des Mengenrabatts.

Wer hat den besseren Geschmack – der, der Kaviar von einer Pappschüssel oder der, der Pellkartoffeln vom Meißner Porzellan ißt?

Tierfreund: Ein humaner Mensch, der sich freut, wenn der Stier den Torero tötet.

Eine banale Erfahrung: Der Schmerz wird nicht dadurch kleiner, daß seine Ursache banal ist.

Über Satire und Satiriker

Die Satiriker sind das Gegenteil der Politiker – sie vereinfachen komplizierte Probleme.

Satire übertreibt: Sie sieht die Menschen nicht ganz so klein wie sie sind.

Satire: verärgerte Logik.

Satiriker: Ein Idealist, der leider die Wirklichkeit kennt.

Satire: Logik, die sich nicht schämt, logisch zu bleiben.

Satiriker sind die schlimmsten Konkurrenten der Wissenschaftler – sie wissen alles früher.

Die Satire ist eine ewige Kunst. Selbst wenn die Menschen plötzlich zu Engeln würden, wäre ihre Engelhaftigkeit etwas Lächerliches.

Noch nie in der Geschichte wurde die Satire verfolgt. Verfolgt wurde immer nur die in ihr enthaltene Wahrheit.

Heute gibt es keine Propheten mehr. Ihren Platz haben die Satiriker eingenommen.

Wer Satiren schreiben will, muß naiv genug sein, an die Menschen zu glauben. Der Gewitzte, der nicht an die Menschen glaubt, schreibt naive Humoresken.

Triumph der gesellschaftlichen Züchtung: der Hofsatiriker.

Das Gefährlichste an der Satire: Wann immer sie erscheint, ist sie aktuell.

Es gibt gute politologische, soziologische oder psychologische Bücher, die auf sechshundert Seiten fast so viel sagen, wie ein Witz.

Angesichts der heute üblichen Honorare muß ein Humorist um jeden Preis witzig sein.

Der Satire steht das Recht auf Übertreibung zu. Aber sie hat es schon seit langem nicht mehr nötig, von diesem Recht Gebrauch zu machen.

Satiriker: Ein Moralist, der weiß, daß die Moral selbst eine Hure ist.

In jedem Satiriker lebt ein Lyriker. Man packt ihn am Hintern und zieht ihn auf die Erde zurück.

Die Wissenschaft entdeckte erst jetzt, daß ein Mensch tot ist, wenn sein Hirn nicht mehr funktioniert. Die Satiriker haben das schon längst gewußt.

Hofnarr demokratisch: Man muß allen Narren den Hof machen.

Die Literaturspezialisten wissen es genau: Wer Lustiges schreibt, ist nicht ernst zu nehmen.

Satiriker, züchtet nicht das Verständnis für Satire! Sie ist darauf angewiesen, von ihren Objekten gelesen zu werden.

Ein Lyriker darf glauben, daß er die Welt verbessert – ein Satiriker darf nicht so humorlos sein.

Alle Satiriker zusammen können einem Tyrannen nicht so viel schaden, wie ein einziges scheugewordenes Pferd.

Über den Autor

Ich bin nicht das größte Genie auf Erden. Das ist natürlich ungerecht.

Ich kann mir nicht helfen: ein nacktes Mädchen ist mir lieber als ein nackter König.

Ich bin der einzige professionelle Dilettant unter lauter dilettantischen Professionals.

Wir waren jung, schön und dumm. Jetzt sind wir leider nur noch jung.

Ich gehöre zu den wenigen, die nicht Auto fahren können und trotzdem nicht fahren.

Mein fester Plan: Ich mache keine Pläne.

Manchen Leuten wird übel vom Magen, manchen vom Herzen. Mir vom Gehirn.

Ich bin ein älterer Angehöriger der mittleren Generation junger Autoren.

Es geht bergab mit mir. Ich schaffe bereits aus innerer Notwendigkeit.

Anfangs habe ich mich zu Idealen bekannt, später zu Gedanken, und jetzt bekenne ich mich zum Denken.

Ich meide Imperative, weil ich Angst habe, daß sie kategorisch werden.

Das schreckliche Mittelalter: Ich bin zu alt, um flink zu sein und zu jung, um fleißig zu werden.

Wenn man meine faulen Stunden und Tage nicht mitrechnet – bin ich ein fleißiger Mensch.

Ich bin ein naiver Mensch: Ich glaube das Recht zu haben, recht zu haben.

Ich bin eine Sehr Wichtige Person – für mich.

Gabriel Laubs Kleines Traktat über Aphorismen

Ich will mich nicht um eine eigene Definition des Aphorismus bemühen – die kann nur wieder aphoristisch sein. Und »ein Aphorismus ist eine Halbwahrheit, die so formuliert ist, daß den Verteidiger der anderen Hälfte der Schlag trifft«. Ich weiß nicht, wer das gesagt hat, angeblich war es ein Italiener, ich habe den Satz bereits aus dritter Hand und sah niemals eine Unterschrift – aber das Schicksal der Aphorismen ist es ja, daß sie ohne Autoren-Nennung zitiert und bewußt oder unbewußt gestohlen werden. Was für den Aphoristiker Grund zum Stolz ist.

Übrigens, in jedem Wörterbuch, in jeder Enzyklopädie kann man die Definitionen unter mehreren Stichwörtern finden: Aphorismus, Apophthegma, Gnome, Maxime, Sentenz. Die Übersetzung dieser griechischen und lateinischen Termini stellt dem Aphoristiker eine gottlob ausreichende Breite zur Verfügung. Von dem »in sich geschlossenen, kurz und treffend formulierten Gedanken, geistreichen Sinnspruch«, über »Gedankensplitter, Einsicht, Urteil, Spruch, Denkspruch, Verallgemeinerung« bis zu »Weisheitsspruch, Grundsatz, Lebensregel« und sogar bis zu der »höchsten Regel«.

Ich möchte im voraus betonen, daß Maximen, Sentenzen und sogenannte »goldene Gedanken«, also positiv formulierte Weisheiten, Grundsätze, Lebensregeln und »höchste Regeln« meiner Meinung nach nicht zum modernen Aphorismus gehören; vielmehr gehören sie zur Urgeschichte der Gattung. Sie passen besser zu der Denkart der Herrscher, Kirchenväter, Weltverbesserer und Welterlöser als der der Denker. Sonst treten unter der Gattungsbezeichnung »Aphorismus« gesellig das philosophische Paradoxon und der Kalauer auf, ungewöhnlich formulierte logische Definitionen und dichterische Metaphern, moralische Apostrophe, Pamphlete, Parodien, Mikroerzählungen und Mikrofabeln und wer weiß was noch alles.

Man kann auch streiten, ob das alles zusammen ein begrenztes Genre darstellt, obwohl das Wort »Aphorismus« bedeutet: »der Abgegrenzte«. Die einzige unbestreitbare gemeinsame Eigenschaft dieses Genres ist seine Kürze, die so scharfsichtig von den Gegnern der Kürze bemerkt wurde. Jene ernsten Schriftsteller und Kritiker, die über Aphorismen verächtlich sprechen, haben vollkommen recht – auch tausend Aphorismen ergeben noch keinen dicken Band für die gesammelten Werke, so wie man aus tausend Flöhen noch keinen Mastochsen zusammenstellen kann.

Ein Aphoristiker kann sich nur damit wehren, daß es unmöglich ist, mit reinen, unwattierten und unverwässerten eigenen Gedanken ein dickes Buch zu füllen – so lange lebt einfach kein Mensch, um so viele Gedanken zu produzieren.

Ich habe, nach einigen aphorismenähnlichen Versuchen, meine ersten sieben Aphorismen im Jahre 1956 in einer Prager Zeitschrift veröffentlicht – nach knapp zwölf Jahren hatte ich Aphorismen genug, um ein kleines dünnes Büchlein herauszugeben. Aber – wozu diese Polemik? Der Aphorismus hat doch nur berufliche Gegner – unter den Lesern habe ich noch keinen getroffen. »Die Gedanken springen von Mensch zu Mensch wie Flöhe, aber sie beißen nicht jeden«, sagt der Klassiker des modernen Aphorismus, der polnische Dichter Stanislaw Jerzy Lec. Und eben jene, die nicht gebissen worden sind, zücken ganze Tonnen DDT gegen sie.

Die Kürze allein macht noch keinen Aphorismus. Sonst wäre schon jeder auf einen Lattenzaun geschriebene Satz, etwa »Franz ist ein Esel«, ein Aphorismus. Obwohl – wer weiß? Aber nein. Wie wir die Menschen kennen, fehlt diesem Satz der Charakter einer *Halb*wahrheit. Allerdings hat er außer der Kürze mit dem Aphorismus auch noch die Herkunft gemeinsam, die bis in die Urzeit der Menschheit führt.

Zeugen dieser aristokratischen Altertümlichkeit sind Sprichwörter, die keinesfalls von allein entstanden sind – es sind einfach Aphorismen von nicht mehr bekannten Autoren. Die Tatsache, daß sie durch Jahrhunderte von anderen, späteren Autoren abgeschliffen wurden, ändert nichts daran. Alle Aphorismensammler und -verfasser haben sich aus dem Schatz der Sprichwörter bedient. Der polnische Satiriker Wiesław Brudziński sagt, daß der moderne Aphoristiker »ein Mensch ist, der sich wie ein Kind freut, weil es ihm gelungen ist, etwas auszudenken, was wahrscheinlich schon bei den alten Phöniziern ein uraltes Sprichwort war«.

Das alte Testament wimmelt von Aphorismen, besonders das wunderschöne, satirisch-philosophische, scharfzüngige und bittere Pamphlet des Predigers: »Sei nicht zu gerecht, auch nicht zu weise, du wolltest denn dein Verderben!« Ist das nicht ein völlig moderner Aphorismus?

Die Aphorismen »Wer Einkommen hat, kann gütig sein« und »Schatten, benehme dich nicht, als ob du die Sonne wärest« stammen von einem ägyptischen Papyrus aus dem XXI. Jahrhundert vor Christus. »Ein weiser Politiker sorgt dafür, daß die Bäuche der Menschen voll sein sollen und ihre Köpfe leer«, schrieb der chinesische Philosoph Lao-tse vor zweieinhalb tausend Jahren. In den ältesten Quellen des menschlichen Wissens, auf Tontafeln und Papyri, auf steinernen Denkmälern und auf Pergamentrollen findet man ganz modern klingende Aphorismen.

Hätte ich damals, im Jahre 1956, gewußt, welch berühmte Vorgänger jeder Aphoristiker hat, hätte ich wahrscheinlich nicht gewagt, mit Aphorismen anzufangen. Plutarch hat »Apophthegmata der Könige und Führer« zusammengefaßt, in der altgriechischen Lyrik war die Gnome ein populäres Genre, die griechischen und lateinischen Epigramme, der orientale Beit, der japanische Haiku sind oft gereimte Aphorismen. Reich an aphoristischen Sprüchen sind die großen Bücher der hinduistischen, konfuzianischen, buddhistischen und jüdischen Lehre. Erasmus von Rotterdam schrieb Aphorismen, La Rochefoucauld, Pascal, Chamfort, Swift, Lichtenberg, Goethe, Jean Paul, Heine, Schopenhauer, Nietzsche ...

Die Gesellschaft ist gemischt – Dichter und Philosophen treffen sich da unter einem Dach. Poesie und Philosophie sind gleichberechtigte Eltern des Aphorismus. Von der Philosophie hat er das Gebot des präzisen Denkens, von der Poesie das Gebot der präzisen Form geerbt. Stanisław Jerzy Lec sagte: »Der Aphorismus ist ein lyrischer Splitter.« Ich bekenne mich zu Lec als zu meinem Lehrer, ich habe aber mein erstes Aphorismen-Buch »Verärgerte Logik« genannt – und ich sehe da keinen Widerspruch. Die Gnome – das Synonymum von Aphorismus – galt einst als lyrisches Genre; dabei bedeutet das Wort »Gnome« »Erkenntnisvermögen«. Der Aphorismus unterscheidet sich oft von der philosophischen Definition eben nur durch seine künstlerische Mehrdeutigkeit.

Ich nannte das Prediger-Traktat »satirisch-philosophisch«. Natürlich ist das eine Tautologie, denn die Satire ist eine durch und durch philosophische Kunst – ich möchte beide Worte betonen, *philosophische* und *Kunst*. Die Vieldeutigkeit ist eine Grundeigenschaft der Kunst überhaupt. Sie ist eine Waffe der Kunst, die ihr den Vorteil gegenüber der Wissenschaft gibt, nämlich daß man mit Mitteln der Kunst auch das sagen kann, was man selber nicht weiß. Keiner hindert mich, auch die realistischste Bildsäule für ein Symbol zu halten; und die allergenaueste Beschreibung einer Mutter in einem Roman kann mich nicht abhalten, in der Heldin meine eigene

Mutter zu sehen. Ohne diese Mitarbeit des Konsumenten ist die Kunst tot. Der Aphorismus in seiner lapidaren Kürze braucht die Mitarbeit des Lesers in noch größerem Umfang. Sogar noch mehr als das moderne Gedicht, denn das Gedicht riskiert nur, nicht verstanden zu werden – der Aphorismus riskiert jedoch, verkehrt verstanden zu werden.

Die Theoretiker aller Kirchen haben auch die ironischen biblischen Texte wortwörtlich ausgelegt, als Maximen, Regeln, Weisungen, ebenso wie sie den lyrischen Texten Salomons künstlich die politische Bedeutung einer göttlichen Allegorie beimaßen. Es war selbstverständlich pharisäische Durchtriebenheit dabei im Spiel, denn was sollten sie tun, wenn künstlerische Werke, die imstande waren, das einfache Volk zu verderben, einen Teil der Heiligen Schrift ausmachten? Bestimmt taten sie es aber auch oft aus dogmatischem Stumpfsinn, denn zur Erkenntnis von Aphorismen – und Satire überhaupt – ist im allgemeinen Intelligenz notwendig. Und auch die Kenntnis der Lebensrealität, aus der sie entspringen. Wir müßten die Situation kennen, in der der Satz gesagt wurde: »Gebt dem Kaiser, was des Kaisers ist . . .«, um mit Bestimmtheit sagen zu können, daß dieser Satz nicht ironisch gemeint, also kein Aphorismus war.

Um zu gefallen, muß der Aphorismus eigene Erfahrungen und Sorgen des Lesers ansprechen. Er kann so viele Bedeutungen haben, wie es verschiedene Lebenserfahrungen gibt. Es ist daher nicht paradox, daß gerade die Vieldeutigkeit des Aphorismus seine Gegner am meisten reizt; daß sich oft Menschen durch einen Aphorismus beleidigt fühlen, an die er überhaupt nicht adressiert war. Nicht selten allerdings liegt Größenwahn vor – es gibt Menschen, die sich im Namen der gesamten Kunst, der ganzen Geschichte oder der ganzen Menschheit beleidigt fühlen, nach der Regel »Die Menschheit bin ich«. Obwohl mir Stanisław Jerzy Lec einmal sagte, sich selber zitierend (was richtig ist, denn kluge Sätze sollen zitiert werden, auch wenn wir zufällig selber ihre Urheber sind): »Wenn mir vorgeworfen wird, ich sei zweideutig, geht es gerade darum, daß ich eindeutig bin.«

Ein Aphorismus attackiert nie einen Einzelnen, das ist eine Aufgabe für Bonmots, für den politischen Witz, für eine Karikatur. Wenn auch der Autor jemanden Bestimmten meint, muß sein Ziel größer sein, sonst schafft er keinen Aphorismus. Der Aphorismus führt Polemik gegen die Gesellschaft, gegen Binsenwahrheiten, gegen sture Denkarten, gegen ideologische Versklavung des Menschen. Nichtpolemische Aphorismen kann ich mir nicht vorstellen. Auch nicht den Prozeß ihrer Entstehung, weil für mich der Aphorismus ein Sohn des Entsetzens und der Analyse ist. Im letzten Jahre meines Lebens in der Tschechoslowakei habe ich über zweihundert Aphorismen geschrieben; in den ersten zwei Jahren in Deutschland habe ich keine dreißig geschafft. Die Welt, in der ich jetzt lebe, war noch zu neu, um mich wirklich zu empören.

Erstaunlich war für mich aber, wie viele von den in der Tschechoslowakei geschriebenen Aphorismen und Satiren, von denen ich glaubte, daß sie nur für die osteuropäischen

Verhältnisse gültig sind, eine Resonanz bei den deutschen Lesern fanden – die Probleme auf beiden Seiten der Elbe sind wohl doch nicht so unterschiedlich, wie man vermutet.

Eigentlich ist da kein Grund zur Überraschung. Der Aphorismus behielt doch seine Aktualität auch Jahrtausende lang, wie wir das an den kleinen Beispielen aus Ägypten, China und Judäa gesehen haben. Das bestätigt meinen Aphorismus »Der Mensch ändert sich ununterbrochen, die Menschheit bleibt immer gleich«, um auch einmal mich selbst zu zitieren. Ich erinnere mich, wie ich irgendwann am Ende der fünfziger Jahre ein paar Aphorismen und aphoristische Anekdoten aus dem Buch des gelehrten syrischen Bischofs Grigórios Abulfaradsch Barhebraeus, der im XIII. Jahrhundert Aussprüche der Weisen, die auch für ihn schon altertümlich waren, gesammelt hat, in Prag zu veröffentlichen versuchte und auf die tschechoslowakische Zensur gestoßen bin.

Die ewige Aphorismenkunst hat verschiedene geschichtliche Phasen. Es gibt, sozusagen, mehr oder weniger »aphoristische« Epochen. Im dogmatisch-scholastischen Mittelalter wurden offiziell nur Sentenzensammlungen der Kirchenväter herausgegeben. In diesem Zusammenhang ist es kein Zufall, daß die neue Belebung des Genres in einem osteuropäischen Land anfängt, und zwar in Polen in jenen Jahren des kurzen Durchbruchs des Stalinismus. Der geniale Apostel des modernen Aphorismus hieß Stanisław Jerzy Lec. In seinen »Unfrisierten Gedanken« ist der Aphorismus wirklich neuzeitig geworden, er hat schon nichts mehr mit Nachahmungen der klassischen Vorbilder gemeinsam. Er ist kürzer als je, aggressiver als je, poetischer. Und seine philosophische Tiefe entspringt einer perfekten skeptischen Kenntnis der Gegenwart.

Der Aphorismus – zum Unterschied von Maximen, Sentenzen und goldenen Gedanken – ist immer skeptisch. Er kämpft für das freie selbständige Denken, und Skepsis ist eine unvermeidliche Voraussetzung des selbständigen Denkens. Er ist pessimistisch in seinen Aussagen und optimistisch in der Vermutung, daß der Versuch, den Menschen etwas zu erklären, nicht sinnlos ist.

Es ist wahrscheinlich die engagierteste Literaturgattung. Wenn man Aphorismen liest, kann man nicht daran zweifeln, was der Verfasser denkt, auf welcher Seite er steht. Eine der griechischen Bezeichnungen des Aphorismus, »Apophthegma«, stammt vom Wort »apophthengestha« – »seine Meinung aussprechen«. Viele der Aphorismen, die heute schon klassisch sind, wurden nicht für die Öffentlichkeit geschrieben. Zum Beispiel die von Georg Christoph Lichtenberg sind in der Mehrzahl als private Notizen in seinen »Sudelbüchern« entstanden. Der Franzose Chamfort war im 18. Jahrhundert ein vielgeehrter Schriftsteller. Nichts von seinen offiziellen Werken überlebte seine Zeit. Seine privaten aphoristischen Notizen, nach seinem Tode veröffentlicht, sind berühmt geworden.

Der Aphorismus ist die persönlichste Aussage, persönlicher noch als ein lyrisches Gedicht, weil er den Verfasser zwingt, zu mehreren und allgemeineren Problemen Stellung zu nehmen.

Er enthüllt auch sein privates Verhältnis zum Öffentlichen, also das Privateste.

So liefern sich die zynischen Aphoristiker freiwillig der Öffentlichkeit aus.

Vielleicht hat jemanden das Bekenntnis eines Aphoristikers schockiert, daß der Aphorismus eine Halbwahrheit ist. Ich erlaube mir noch einmal, mich selbst zu zitieren: »Man schätzt den Aphorismus unter anderem deshalb, weil er eine halbe Wahrheit enthält. Das ist ein ungewöhnlich hoher Prozentsatz.«

Stanisław Jerzy Lec
Alle unfrisierten Gedanken
Aphorismen
Herausgegeben und aus dem Polnischen übersetzt von
Karl Dedecius
320 Seiten

»Unfrisierte Gedanken«, das heißt: nicht nach der Mode gekämmte, nicht nach einer Linie ausgerichtete, sondern selbständige, widerborstige, freie Gedanken. Sie machten ihn zum wohl weitest verbreiteten polnischen Schriftsteller und zum bedeutendsten Aphoristiker unserer Zeit: Stanisław Jerzy Lec.

Wenn Lec einmal ironisch gesagt hat, er habe zum Verfertigen seiner Gedanken sechstausend Jahre gebraucht, so heißt das nichts anderes, als daß die Geschichte und Erfahrung der ganzen Menschheit dazu wirkten, daß sie jetzt im zwanzigsten Jahrhundert niedergeschrieben werden konnten und mußten. Und daß sie nicht allein dem Tag und der Stunde gelten.

Lec' Aphorismen treffen, weil sie betroffen machen. Wer sich nach Klarheit, Geist, Vernunft, nach Humor, Scharfsinn und Witz sehnt, dem jedenfalls sei der Sammelband *Alle unfrisierten Gedanken* empfohlen.

Eugen Roth
Sämtliche Menschen
304 Seiten

Ein Mensch macht ihn berühmt, den Münchner Schriftsteller Eugen Roth, der mittlerweile zu einem Klassiker des Humors geworden ist. 1935 erschienen die knappen und treffenden Weisheiten eines Menschenkenners, aus denen man spürt: Solange ein Mensch Lust und Muße findet sich so zu beklagen, solange kann noch nicht alles verloren sein, zum ersten Mal. Und in jenem verschmitzten Augenzwinkern zwischen Lachen und Weinen liegt denn wohl auch das Geheimnis von Eugen Roths andauerndem Erfolg.